BASTEI
LÜBBE

Über die Autoren:

Kathrin Kompisch studierte Geschichte sowie Sozial- und Wirtschaftsgeschichte in Hamburg. Sie hält wissenschaftliche Fachvorträge und lebt als freie Autorin in Hamburg.

Frank Otto ist Privatdozent für Neuere Geschichte an der Universität Hamburg. Der promovierte Historiker forscht schwerpunktmäßig zur Perzeption von Gewalt und ihrer Darstellung in den Massenmedien. Von ihm sind zahlreiche Beiträge in wissenschaftlichen Zeitschriften erschienen.

KATHRIN KOMPISCH · FRANK OTTO

TEUFEL
IN MENSCHENGESTALT

Die Deutschen und ihre Serienmörder

BASTEI
LÜBBE

BASTEI LÜBBE TASCHENBUCH
Band 60571

1. Auflage: August 2006

Vollständige Taschenbuchausgabe
der im Militzke Verlag e. K., Leipzig, unter dem Titel
Monster für die Massen. Die Deutschen und ihre Serienmörder
im Jahr 2004 erschienenen Hardcoverausgabe

Bastei Lübbe Taschenbücher in der Verlagsgruppe Lübbe

Lizenzausgabe: Verlagsgruppe Lübbe GmbH & Co. KG,
Bergisch Gladbach
Lektorat: Birgit Steiner/Siegfried Kätzel
Umschlaggestaltung: Bianca Sebastian
Titelbild: © getty-images/Robert Clare
Satz: Simone Uhlig
Druck und Verarbeitung: Ebner & Spiegel, Ulm
Printed in Germany
ISBN-13: 978-3-404-60571-2
ISBN-10: 3-404-60571-3

Sie finden uns im Internet unter
www.luebbe.de

Der Preis dieses Bandes versteht sich einschließlich
der gesetzlichen Mehrwertsteuer.

Inhaltsverzeichnis

Serienkiller, Superstar – Von der Faszination mörderischer Gewalt

Es ist eine unangenehme Wahrheit, eine Wahrheit nichtsdestoweniger: Wir lieben Serienmörder. Wir lesen begierig von ihren Taten, es gelüstet uns nach immer mehr blutigen Details, wir können nicht genug bekommen von grotesken Szenen aus dem Leben des Killers. Und die Medien geben uns, was wir brauchen, lassen uns regelrecht teilhaben, wenn der Täter auf Beutezug geht, wir werden zu Voyeuren, wenn sie Bilder von den Orten des Schreckens zeigen und von den Getöteten, die ihr Martyrium nur allzu deutlich werden lassen. Voller Scham müssen wir erkennen, endlich gar zu Komplizen des Mörders geworden zu sein, indem wir uns wie er ergötzten am Leiden der Opfer. Doch dem kurzen Moment der Reue folgt schon bald der Griff zum nächsten Boulevardblatt, das mit einer Schlagzeile über eine Mordserie von nie gesehener Brutalität wirbt, wohl wissend um die auflagensteigernde Wirkung.

Was fasziniert uns an einem Menschen, von dem sich jeder nur wünschen kann, ihm niemals zu begegnen? Was macht den Serienmörder zum Superstar? Warum wollen wir sämtliche Scheußlichkeiten seiner Taten und Nichtigkeiten seines Lebens erfahren?

Serienmord als Verkaufsargument

Betrachten wir zunächst die Angebotsseite: Die Prominenz des mehrfachen Sexualmörders im Zeitalter der Massenmedien resultiert aus der Struktur des Medienmarktes. Boulevardzeitungen, um deren Darstellungsformen wir uns im vorliegenden Band in erster Linie gekümmert haben, sind gezwungen, sich im täglichen Konkurrenzkampf um die Gunst des Lesers durchzusetzen. Sie müssen ihre Nachrichten mit besonderer visueller Eindringlichkeit vortragen, um die Anziehungskraft ihrer Mitbewerber zu überbieten. Das allein ist der Grund, weswegen die Schlagzeile erfunden wurde und auf ihre heutige Größe anschwoll, weswegen man obendrein das Bild auf die Titelseite hob – nicht zufällig heißt Europas größte Boulevardzeitung »Bild«. Wegen des täglichen Wettstreits um den Blick des Publikums tendiert diese Art von Presse zu einer Berichterstattung, die das besonders Eindrucksvolle herausstreicht und es durch die Art der Aufmachung zu einer Sensation aufbauscht. Verbrechen lohnt sich so wenigstens für die großen Zeitungen, besonders Mord, der als schlimmste Übertretung des Gesetzes gilt. Und kein Mord ist spektakulärer als einer, der mit einem Sexualverbrechen verbunden ist; nichts steigert die Aufmerksamkeit mehr, als ein Täter, der wiederholt zuschlägt, womit er seine aufsehenerregende Gefährlichkeit unter Beweis stellt – und seinen Nachrichtenwert erhöht.

Stars werden gemacht, nicht geboren. Vor allem Boulevardmedien produzieren Stars, weil Inhalte durch die Personalisierung eingängiger darzustellen, damit leichter zu transportieren und am Ende besser zu verkaufen sind. Eine konstruierte Hauptfigur kann aber nur dann zum Star werden, wenn ihr Auftreten den Bedürfnissen des Publikums entspricht. Solche Bedürfnisse lassen sich nur zu einem sehr geringen Grad manipulieren, zumindest nicht auf kurze Sicht – und es ist fraglich, ob der harte Konkurrenzkampf auf dem Boulevard die Durchführung einer langfristig wirksamen Strategie zur Veränderung des Publikumsgeschmacks erlauben würde, wenn damit zunächst Leserverluste, d.h. wirtschaftliche Einbußen, verbunden wären. Meinungen, die leichter zu verändern sind, lassen sich machen, grundlegende Bedürfnisse oder Einstellungen kaum. Die Medienmacher müssen folglich spüren, was ihre Rezipienten wahrnehmen können und wollen, und die entsprechende Berichterstattung liefern.

Lust auf Lustmord: Das Bedürfnis nach spektakulären Gewaltdarstellungen

Wenn's mich nur gruselte: Die Sehnsucht des Märchenhelden scheint weit verbreitet zu sein; sie ist ein Produkt der Langeweile, weil das Leben eben heutzutage kaum abenteuerlich erscheint und also etwas Adrenalin fehlt, das dem Ganzen ein wenig Würze verleihen könnte. Der Lust auf Nervenkitzel steht freilich ein weit gehendes Sicherheitsbedürfnis des modernen Menschen entgegen. Der Haftpflicht-, Hausrat-, Unfall-Versicherte will sich vom Grauen kitzeln lassen, im Wissen, dabei stets vor realer Gefahr behütet zu werden. Also besteigt er die Geisterbahn, sieht sich einen Horrorfilm an, liest im Schein der Nachttischlampe einen Grusel-Roman. Der vermittelte Schrecken ist es, nach dem es den modernen Zeitgenossen gelüstet – nicht der unmittelbare, in den sein Vorfahr, der permanent um sein Überleben kämpfende Jäger und Sammler, versetzt wurde, wenn ein feindliches Tier ihn beuteheischend ansprang. Für den aktiven Abenteuerlustigen muss zumindest das Bungee-Seil TÜV-geprüft sein, der Ersatzfallschirm im Rucksack bereitliegen. Der eher träge Geistesgenosse wünscht sich seinen Adrenalinschub frei Haus bis zur Couch geliefert, von den Medien, in Technicolor, damit das Substitut nicht gar zu sehr wie aus zweiter Hand wirkt.

Wir haben gesehen – und wir werden den Faden in diesem Band noch einmal aufzunehmen haben –, dass einer der wesentlichen Gründe für die Machart von Medienbildern in der Berichterstattung über Serienmörder darin besteht, die lähmende, unmittelbare Angst vor der Tat in wohliges Gruseln abzumildern, also genau die Art von vermitteltem Schrecken zu erzeugen, nach dem enormer Bedarf besteht – der sich dann auch profitabel bedienen lässt. In ihrem Buch »Psychokiller« beschreibt Gabriele Meierding den Mechanismus, der dabei Anwendung findet: »Das Grauen hat höchsten Unterhaltungswert. Geschichten über Serienkiller wie Jeffrey Dahmer werden mit wohligem Schaudern verschlungen. Man genießt den Schrecken an monströsen Taten aus sicherem Abstand, indem man mit wirklichen Geschichten umgeht, als seien auch sie erfunden. Denn solange man sich im Bereich der Fiktion bewegt, kann man sich darauf verlassen: Das Gute siegt, das Böse wird bestraft und, wenn es sein muß, vernichtet. Das Verbrechen wird aufgeklärt, der Täter überführt und seiner Strafe zugeführt. Leser und Zuschauer sind darauf konditioniert.«[1] Vermittlung des Schreckens heißt demnach, reale Geschichten in wohlbekannten fiktionalen Strukturen zu erzählen. Das erklärt auch das erstaunliche Phänomen, dass Pressedarstellungen authentischer Mordfälle so häufig Erinnerungen an erdichtete Fälle hervorrufen, an Stevensons »Dr. Jekyll and Mr. Hyde« beispielsweise, oder gar an Märchen.

Doch es schwingt noch weit mehr mit beim auffälligen Interesse für den Serienmörder, als nur das Bedürfnis nach ein wenig Aufregung in einem öden Leben im vollständig zivilisierten, globalisierten Kapitalismus. Es gibt, so schreiben die

Psychiater Schorsch und Becker, Anzeichen dafür, dass sexuell motivierte Tötungen nicht nur als Sensationen aufregend seien, sondern etwas anrührten, das unausgesprochen da sei, dass sie Unruhe erzeugten und so die geordnete Klarheit und Sicherheit des Lebensgefühls eintrübten. Berichte über Serienmörder füllten anscheinend eine Lücke und deckten einen Bedarf. »Ihre sozialpsychologische Funktion wird an den elementaren, urtümlichen und ungebremsten Reaktionen einer breiten Bevölkerung auf sexuelle Gewalttaten sichtbar: Es tauchen archaische Affekte von Rache und Vergeltung auf.« Diese Reaktionen trügen offensichtlich selbst ein sadistisches Gepräge. »Das rationale Interesse der Gesellschaft, sich vor diesen Menschen zu schützen, hat zugleich einen irrationalen Aspekt. Die Taten eines Sadisten wecken sadistische Fantasien, denen bei einer solchen Gelegenheit freier Lauf gelassen werden kann und die im Übrigen nicht eingestanden werden. Verpönte Triebregungen verschaffen sich bei solchen Gelegenheiten ein Ventil, weil sie nicht im Dienste der eigenen Lust zu stehen scheinen, sondern im Dienste von Strafe und Vergeltung zur Wiederherstellung der Ordnung und zur Befriedigung des kollektiven Gewissens. In solcher Situation scheinen sadistische Regungen sozial akzeptiert zu sein. Sadismus ist eine Möglichkeit in uns, die uns gefährlich nahe kommen kann und die wir abwehren müssen. Die ›Triebtäter‹ werden zu einer Art Sündenbock, den wir verteufeln und opfern, um uns durch Projektion von Verbotenem zu befreien. In diesem gleichzeitigen Nebeneinander einer doppelten Identifikation – versteckte Identifikation mit dem Verbrecher und heimliche Triebbefriedigung einerseits und Identifikation mit einem kollektiven Über-Ich andererseits, das durch rigoroses Durchsetzen von Recht und Ordnung ein ›sadistisches‹ Gepräge erhält und solche Triebregungen aufnimmt und legitimiert – liegt die sozialpsychologische Funktion der ›Triebtäter‹ und ›Lustmörder‹, die zur Entlastung und kollektiven Stabilisierung beitragen.«[2]

Es lassen sich aber auch Argumente finden, die weniger in der gemeinsamen seelischen Disposition einer Gesellschaft begründet liegen als vielmehr in der kulturellen Konstituierung des Umgangs mit Gewalt. Für die US-amerikanische Geschichte hat die Historikerin Karen Halttunen gezeigt, wie sich in der Zeit der Romantik die Tabuisierung von Gewalt gleichzeitig mit der Faszination und breiten öffentlichen Imagination – insbesondere was die Brutalität von Morden betraf – verband. Sie spricht geradezu von einer »Pornographie des Schmerzes und der Gewalt«.[3] Damit wiederum steht sie auf dem Fundament, das Norbert Elias mit seiner Theorie über den »Prozess der Zivilisation«[4] legte. Elias sagt, dass der Zivilisationsprozess in der modernen westlichen Gesellschaft seit dem Mittelalter mit einer zunehmenden Kontrolle der »Affektstrukturen« des Menschen einhergehe – beispielsweise in der Form des Vorrückens der Scham- und Peinlichkeitsschwelle. Dieser Deutung zufolge wirkt die sich verfestigende Kontrolle der Affekte einerseits gewaltverhindernd, durch die Internalisierung gewaltfreier Verhaltensnormen, andererseits nimmt aber die Darstellung von Gewalt zu. Die unterdrückten Affekte werden also in einem sich ausweitenden Gewaltdiskurs von der physischen auf eine geistige Ebene verdrängt. Die intellektuelle Beschäftigung mit der Gewalt – das darüber Nachdenken und Sprechen – übernimmt dabei eine Art Ventilfunktion für übriggebliebene archaische Triebe. Daraus entsteht die auffällige Diskrepanz in der westlichen Welt, die einerseits Gewaltausübung tabuisiert, strenger Kontrolle unterwirft und in das Monopol des Staates verweist, andererseits aber der Abbildung von besonders brutaler Gewalt leidenschaftliches Interesse entgegenbringt.

Leitfrage und Ziele der Untersuchung

In den bisherigen Ausführungen sind einige Ansatzpunkte genannt, die erklären, warum der Serienmörder sich besonders gut zum Schlagzeilen-Helden der Boulevardpresse eignet. Unsere Leitfrage ist jedoch eine andere: Wir wollen zeigen, welcher Bilder sich die deutschen Medien nach 1945 bedienten, um Serienmörder darzustellen, und warum sie gerade zu dieser Art der Berichterstattung griffen. Wir haben im ersten Band für die Jahre der Weimarer Republik und des Nationalsozialismus gezeigt, dass die Bilder, die sich die Presse bereits im London des Jahres 1888 von Jack the Ripper, dem Ahnherren des modernen Serienkillers, gemacht hat, stets von neuem Verwendung fanden, und zwar über Zeit- und Ländergrenzen hinweg. Wir werden diesen Beweis im vorliegenden Band für die Zeit nach dem Zweiten Weltkrieg fortführen.

In dieser Absicht untersuchen wir die Mediendarstellungen über Serienmörder angefangen bei Rudolf Pleil, der 1950 verurteilt wurde, bis hin zu Olaf Däter, dessen Prozess 2001 stattfand, also bis in die unmittelbare Gegenwart hinein. Untersuchungsobjekt sind die Organe der Massenmedien, vor allem die Boulevardpresse, aber auch seriöse regionale und überregionale Zeitungen und Zeitschriften von größerem Verbreitungsgrad. Film und Belletristik bilden in zwei Kapiteln einen Schwerpunkt, in denen es um die Rezeption des Films »Nachts, wenn der Teufel kam« über Bruno Lüdke (1957) und um die Welle der »Hollywood-Serienkiller« in den 1990er Jahren geht. Die Analyse führen wir vor dem Hintergrund der jeweiligen gesellschaftlichen und politischen Entwicklung durch; es geht uns darum zu zeigen, dass zwar der Grundstock von Serienmörder-Bildern sich nicht veränderte, bestimmte Nuancen in den Darstellungsformen aber nur zu verstehen sind, wenn man sie mit gesellschaftlichen Strömungen der Zeit in Verbindung bringt.

Anhand der Untersuchung, wie Medien mit dem Phänomen Serienmord umgehen und welche Bilder des Bösen sie dabei konstruieren und transportieren, lassen sich wichtige Aussagen treffen über die Konstitution einer Gesellschaft und ihrer Medien und über gesellschaftliche Ansichten im Hinblick auf Gewalt, Ausgrenzung und Toleranz, die Einstellung zum Bösen, zum Anderen und zum Fremden. Wir sind davon überzeugt, über die eigentliche Fragestellung hinaus Aufschluss über die Mentalitäten einer Epoche geben zu können.

Bundesrepublikanischer Mörderreigen

Für den Zeitraum von 1945 bis 2001 haben wir eine Auswahl getroffen: Wir berichten über Taten, denen in den Medien besonders viel Raum gegeben wurde, weil sie als außergewöhnlich spektakulär wahrgenommen oder als Ausdruck einer krisenhaften Gesellschaft gesehen wurden, oder weil sie zu besonders kontroversen Diskussionen unter den Presseschaffenden führten. Uns interessierten weniger die Fälle an sich – und wir strebten erst recht keine enzyklopädische Vollständigkeit an –, sondern vielmehr die Darstellung von Mordserien, von Tätern und Opfern als Reflexion der Gesellschaft, in der sie verübt wurden. Wir wollten damit ein Bild von der Bundesrepublik Deutschland zeichnen, ihrem medialen und juristischen Umgang mit mörderischer Gewalt, ihrer Presselandschaft und den gesellschaftlichen Veränderungen, die sie seit ihrer Gründung durchlief. Bis zur Wiedervereinigung 1990 beschränkt sich unsere Auswahl auf Westdeutschland, weil die strenge Zensur der DDR eine Berichterstattung über Mordserien (die es gleichwohl gab) nur sehr begrenzt und einen Diskurs der Medien überhaupt nicht zuließ. Die gesichteten Zeitungsberichte erheben zudem keinen Anspruch auf Vollständigkeit. Je weiter wir in der bundesrepublikanischen Geschichte dem Heute entgegenkamen, desto unmöglicher wurde es, alle über eine Mordserie erschienenen Berichte zu sichten. So haben wir uns auf die größten und damit meinungsbildendsten Presseerzeugnisse konzentriert.

Die erste Mordserie, über die wir berichten, spielte sich ab vor dem Hintergrund des eben zu Ende gegangenen Zweiten Weltkrieges und der Teilung Deutschlands in alliierte Besatzungszonen: Rudolf Pleil diente sich in diesen Tagen Flüchtlingen, die in großer Zahl von der sowjetischen in die westlichen Zonen überwechselten, als Grenzführer an. Mit zwei Mordgesellen beraubte, vergewaltigte und tötete er 1946/47 mindestens zwölf Frauen, die sich ihm anvertraut hatten. Im ersten Band haben wir bereits die angebliche Mordserie des Bruno Lüdke untersucht, der 1943 in fragwürdigen Verhören gestanden hatte, 53 Menschen umgebracht zu haben. Es erwies sich, dass dieser Fall, über den Veröffentlichungen laut Weisung höchster NS-Führer nicht erfolgen durften, in Wirklichkeit keine Mordserie, sondern vielmehr das Ergebnis unhaltbarer Ermittlungsmethoden eines übereifrigen Polizisten gewesen war, in Kombination mit der Hilflosigkeit eines geistig Behinderten, der gestand, was man ihm einredete. Bekannt wurde der angebliche Fall Lüdke allerdings erst in den fünfziger Jahren durch die sensationsheischenden Veröffentlichungen der »Münchener Illustrierten« und einen auf dieser Grundlage gedrehten Spielfilm, weshalb er in dieses Buch gehört: Eine wirkliche öffentliche Auseinandersetzung mit dem Fall Lüdke fand erst in der Nachkriegszeit statt, mit dem kuriosen Ergebnis allerdings, dass Bruno Lüdke sich jetzt aufgrund der nationalsozialistischen Ermittlungen als größter Serienmörder der deutschen Geschichte im Bewusstsein festsetzte. Die Bestandsaufnahme der restaurativen 1950er Jahre schließt mit dem Fall Werner Boost, dem so genannten »Liebespaarmörder«, der fünf Menschen in Düsseldorf bei nächtlichen Schäferstündchen überrascht und getötet haben soll.

Für die Darstellung der 1960er und frühen 1970er Jahre reicht ein Fall vollkommen aus: die Mordserie des Jürgen Bartsch, der schlechterdings am meisten beachtete Kriminalfall der deutschen Geschichte. Bartsch tötete vier Knaben; die zwei Prozesse, die seinetwegen geführt wurden, nahmen die Medien aller politischer Couleur zum Anlass, ihr Weltbild in einer Art Kreuzzug zu propagieren und durchfechten zu wollen. Eine beispiellose Pressekampagne war die Folge. Wie bei keiner anderen Gelegenheit lässt sich anhand des Falles Bartsch der Niederschlag des Zeitgeistes in den Medienerzeugnissen zum Thema nachvollziehen.

Vor dem Hintergrund der 1970er Jahre, als die Hoffnung auf einen immer währenden Aufschwung mit den Ölkrisen schwand und die Bundesrepublik darüber hinaus in den Krieg des internationalen Terrorismus verwickelt wurde, spielten sich zwei Mordserien ab, deren Presseecho die zunehmende Unsicherheit der westdeutschen Gesellschaft ob der schwierigen Weltlage widerspiegelte: Die des Fritz Honka, des »Blaubarts von Altona«, und die des Joachim Kroll, dem die »Bild-Zeitung« den Spitznamen »Menschenfresser von Duisburg« anhängte. Die Boulevardberichterstattung fand in diesen beiden Fällen ihren Höhepunkt: Die Techniken der Serienmörder-Darstellung waren ausgereift, sie wurden bei späteren Fällen immer wieder verwendet, bis sie ihre Aussagekraft verloren und zu bloßen Klischees verkamen.

Dieser Verlust an Originalität zeigte sich seit den 1980er Jahren deutlich; gleichzeitig nahm auch der Umfang der Presseberichterstattung über Serienmörder ab. Den Niedergang dieses Medienformats dokumentieren wir anhand von vier Fällen: am Fall des »Heidemörders«, an dem des »Rosa Riesen«, der in der Umgebung von Potsdam sein Unwesen trieb, am Fall des Berliner Mörders Thomas Rung, der sieben Menschen tötete und doch keinen Spitznamen fand, und schließlich am Fall des Bremerhaveners Olaf Däter, der fünf alte Frauen ermordete, worüber die Medien – typischerweise – kaum berichteten, weil ihnen die Opfer nicht medienwirksam erschienen. Demgegenüber wurden zur gleichen Zeit Serienmörder, die in Buch und Film aus den USA herüberkamen, zu Superstars. Die Erörterung der Frage, warum sich zwischen der Wahrnehmung von authentischen und fiktionalen Tätern ein solcher Zwiespalt auftat, beschließt den vorliegenden Band.

Verdrängte Parallelen – Umgang mit Serienmorden im Schatten der nationalsozialistischen Verbrechen

Ein Ergebnis der Analyse über die Wahrnehmung und Deutung von Serienmorden in Deutschland im Zeitraum von 1919 bis 1933[5] war, dass in der deutschen Gesellschaft nach dem Ersten Weltkrieg so gut wie niemand die Parallele sehen wollte zwischen den staatlich befohlenen Massenmorden auf den Schlachtfeldern und denen eines Großmann, Haarmann oder Denke, auch wenn sich diese Parallele aufdrängte und der Volksmund durchaus entsprechende Witze riss. Gleiches lässt sich auch für die Zeit nach dem Zweiten Weltkrieg festhalten: Bedenkenlos verwendete die Presse beispielsweise den Terminus »Massenmörder« für Täter wie Rudolf Pleil; erst 1996 mahnte Gisela Friedrichsen, die Gerichtsreporterin des »Spiegel«, im Fall Thomas Rung zu Recht an, dass vor dem Hintergrund des nationalsozialistischen Massenmordes dieser Begriff überlegter gebraucht werden sollte. Eine Beziehung zwischen dem Sadismus eines KZ-Aufsehers und dem eines Sexualverbrechers der gleichen Zeit, zwischen der Mordlust eines wahnsinnigen Einzeltäters und der eines Angehörigen einer Einsatzgruppe, fiel der Verdrängung einer Gesellschaft anheim, die nur nach vorne sehen und sich die Konfrontation mit der eigenen Schuld ersparen wollte.

»Unfähigkeit zu trauern«: Mentalitäten der westdeutschen Nachkriegsgesellschaft

Die Furien des Krieges, mit dem die Deutschen Europa überzogen hatten, tobten sich schließlich auch im eigenen Land aus und hinterließen eine Trümmerwüste: Als am 7. und 9. Mai 1945 der Zweite Weltkrieg in Europa mit der bedingungslosen Kapitulation der Wehrmacht zu Ende ging, hatten mehr als fünf Millionen Deutsche — darunter über zwei Millionen Zivilisten durch die alliierten Bombenangriffe und vor allem bei der Flucht vor der Roten Armee aus dem Osten – ihr Leben gelassen; ungefähr zwölf Millionen Menschen mussten unter schwierigsten Umständen ihre Heimat in Ostdeutschland, Ostmittel- und Südosteuropa verlassen und zogen Richtung Westen; im Reichsgebiet war jede zweite Wohnung beschädigt, fuhr kaum mehr ein Zug und arbeiteten nur wenige Betriebe; ein deutsches Staatswesen existierte nicht mehr. Stattdessen hatten die Siegermächte das Land in vier Besatzungszonen aufgeteilt; außerdem waren große Gebiete im Osten Polen und der Sowjetunion zugeschlagen worden.

Neben die physischen Verheerungen trat der moralische Schaden: Die Deutschen hatten ihre Nachbarn angegriffen, ihrem mörderischen Rassismus waren Millionen zum Opfer gefallen; schließlich waren sie ihrem Ziel, im Namen einer unmenschlichen Ideologie die europäischen Juden allesamt zu töten, entsetzlich nahe gekommen. Infernalische Szenarien offenbarten sich den alliierten Truppen, als sie bei ihrem Sturm auf Deutschland die Konzentrationslager befreiten. Im April 1945 zwang der amerikanische General Patton Weimarer Bürgerinnen und Bürger, sich das nahegelegene Lager Buchenwald anzusehen, und konfrontierte sie so mit den furchtbaren Verbrechen, die die Deutschen begangen hatten. Die Empörung darüber war groß – nicht angesichts der deutschen

Taten, sondern wegen der vermeintlichen Grobheit der Sieger. Derartig drastisch waren die »Umerziehungs«-Bemühungen der Westmächte allerdings nur am Anfang. Die Entnazifizierung stieß auf den wachsenden Widerstand der Deutschen, sie scheiterte jedoch auch immer wieder an den Anforderungen, die der staatliche Wiederaufbau stellte: Es wurden Fachleute aus der Administration benötigt, aber die waren nun einmal zumeist mit dem NS-Regime konform gegangen. Zwar wurden etliche Spitzenfunktionäre im Nürnberger Prozess vom November 1945 bis Oktober 1946 abgeurteilt, darunter zwölf zum Tode; die Entnazifizierung der großen Masse überließen die Alliierten jedoch schon im März 1946 den Deutschen selbst, die in Fragebögen über den Grad ihrer Involvierung in den Nationalsozialismus Rechenschaft ablegen mussten. Das Urteil, in dem die Befragten überwiegend unschuldig waren, fällten so genannte Spruchkammern. Mehr als 90 Prozent wurden nur als Mitläufer klassifiziert, oder man stellte ihr Verfahren gleich ganz ein. Dazu kamen massenhaft Amnestien der Amerikaner, denn spätestens seit 1947 dominierte nicht mehr der Gegner der Vergangenheit das strategische Denken der Siegermächte: Der Kalte Krieg zwischen Ost und West setzte ein, und damit ein Wettbewerb um die Deutschen, die beide Seiten als Bundesgenossen gewinnen wollten. Der Misserfolg der Entnazifizierung aber führte dazu, dass die Eliten in der Verwaltung, der Wirtschaft, in den Medien und in der Wissenschaft die gleichen blieben wie im Nationalsozialismus. Und damit blieben auch nicht selten Ideologien erhalten, die in den Jahren des »Dritten Reiches« verhängnisvolle Ergebnisse produziert hatten.

Während die Deutschen sofort tatkräftig daran gingen, die zerstörten Häuser wieder wohnlich zu machen, die Straßen zu reparieren und die Produktionsmittel in Ordnung zu bringen, entzogen sie sich der Auseinandersetzung mit der Schuld, die sie an der grausamen Herrschaft des »Dritten Reiches« und seinem Krieg hatten. Die Psychoanalytiker Alexander und Margarete Mitscherlich bezeichneten diese Verdrängung als »Unfähigkeit zu trauern«.

Verdrängung bedeutete auf der einen Seite, sämtliche geistigen und körperlichen Energien in den Wiederaufbau zu stecken. Unterstützt von außergewöhnlich günstigen weltwirtschaftlichen Rahmenbedingungen und amerikanischen Hilfszahlungen aus dem Marshall-Plan, brachte der westdeutsche Arbeitseifer das so genannte Wirtschaftswunder hervor – während die »Brüder und Schwestern« im Osten massive Reparationen an die Sowjetunion leisten mussten und sich später, unter die Knute eines planwirtschaftlichen Systems gezwungen, der ökonomische Vorsprung des Westens ständig vergrößerte. In der Bundesrepublik begann die Kaufkraft der Bevölkerung rasch zu wachsen, mehr Menschen konnten mehr Güter konsumieren, und durch das Land wogten die »Fress-«, die »Motorisierungs-« und die »Wohnungswelle«; schließlich spülte die »Urlaubswelle« die Westdeutschen an die Strände des Südens. Die »Soziale Marktwirtschaft« mit ihrem Bannerträger Ludwig Erhard war ein gänzlich unerwarteter Erfolg; die zunehmende Prosperität stabilisierte das junge Gemeinwesen. Wohlstand und wirtschaftlicher Aufschwung wurden wesentliche Bestandteile der bundesrepublikanischen Identität. Ausweis dessen war, dass die »harte D-Mark« zum wichtigsten nationalen Symbol des westlichen deutschen Teilstaates avancierte.

Neben der Flucht in die Betriebsamkeit am Arbeitsplatz fand ein deutlicher Rückzug ins Private statt; das war die andere Seite der Verdrängungsmentalität – ein neues Biedermeier. Nach Feierabend widmete man sich der Familie; ausgegangen wurde wenig, Amüsement blieb weitgehend auf die häusliche Sphäre beschränkt. Damit einher ging eine

Sehnsucht nach der »guten alten Zeit«, die in etwa mit den 1930er Jahren gleichgesetzt wurde – freilich ohne Weltwirtschaftskrise und ohne Nationalsozialismus. Die Besinnung auf die Familie und auf bessere Zeiten führte auch zu einer Betonung überkommener Werte, deren Ausdruck sowohl die autoritative Kanzlerschaft Adenauers war – dessen CDU 1957 mit dem Slogan »Keine Experimente« zur Bundestagswahl antrat und die absolute Mehrheit erzielte – als auch die spießige Idylle der Heimatfilme, in denen Darstellung von Sexualität im Höchstfall einen innigen Kuss der Verlobten bedeutete. Die wenige Sekunden gezeigte Nacktheit der Hildegard Knef im Film »Die Sünderin« (1951) bedeutete unter solch prüden Umständen einen Skandal.

Damit sind die Komponenten der bundesrepublikanischen Mentalität in den Nachkriegsjahren skizziert: Eine große Rolle spielte die Verdrängung des nationalsozialistischen Unrechts; die Energie strömte stattdessen in das »Wirtschaftswunder«, das auch bedeutend wurde für die Identitätsstiftung: Wenn das trotzige »Wir sind wieder wer« erklang, dann in aller Regel als Ausdruck des Stolzes auf die ökonomische Leistungsfähigkeit. Wichtig war auch das Fortbestehen von Eliten, aber auch von Geisteshaltungen und Werten, die der Vorkriegszeit entstammten. Die Presseberichterstattung über Serienmordfälle in den 1950er Jahren war von dieser geistigen Gemengelage deutlich geprägt.

Rudolf Pleil, der »Totmacher«

Der Fall des selbst ernannten »Totmachers« Rudolf Pleil war die erste Mordserie, die im Nachkriegsdeutschland für Furore sorgte: Seit 1946 hinterließen Pleil und zwei Komplizen eine blutige Spur im Grenzgebiet zwischen der sowjetischen und den westlichen Besatzungszonen. Der Wirkungskreis des mörderischen Trios reichte von Helmstedt bis ins Himmelreich bei Ellrich-Walkenried und das ehemalige KZ Juliushütte. 1950 wurde ihm und seinen Spießgesellen Konrad Schüßler und Karl Hoffmann wegen zehnfachen Mordes in Braunschweig der Prozess gemacht.

Geboren am 7. Juli 1924 in Kühlberg bei Bärenstein im Erzgebirge, wuchs Pleil in der Nähe der tschechischen Grenze auf, »in jenem Zwielicht von Abenteuer und Schmuggel, von Gefahr und Verlockung«, wie der »Stern« am 12. November 1950 schrieb. Pleils Vater, Industriearbeiter und Kommunist, wurde nach der Machtergreifung Hitlers in die Tschechoslowakei ausgewiesen. Ein Bruder starb als Kind, eine ältere Schwester litt an epileptischen Anfällen und wurde nach dem Einmarsch der Deutschen unter den Nationalsozialisten sterilisiert. Pleil begann schon in seiner Jugend zu schmuggeln, um seine Familie zu ernähren, und wurde deshalb auch mehrmals festgenommen. In der Schule blieb er drei Mal sitzen, bestahl seine Eltern und lief schließlich mit 15 von zu Hause weg, um, nach einem kurzen Intermezzo als Fleischerlehrling, Schiffsjunge zu werden. Nach Kriegsausbruch kam er zur Kriegsmarine. Weil er Wäsche stahl, erhielt er dort ein Jahr Gefängnis und wurde am 26. Oktober 1943 wegen Epilepsie für dienstuntauglich befunden. Anschließend arbeitete er als Kellner in Marienberg, litt jedoch weiter unter epileptischen Anfällen. Wutausbrüche ließen ihn unheimlich erscheinen, seine Wirtin alarmierte schließlich das Gesundheitsamt. Aufgrund eines ärztlichen Gutachtens begann ein Erbgesundheitsverfahren gegen Pleil. Wenige Tage, bevor er sterilisiert werden sollte, zerstörte ein Bombenangriff die geeigneten Operationssäle in Dresden und Chemnitz. Pleil landete als Koch in einem Fremdarbeiterlager mit dem euphemistischen Namen »Gelobtland«. Als die Russen einmarschierten, war

Pleil in seinen Geburtsort zurückgekehrt. Die Besatzer engagierten ihn als Hilfspolizisten. Bei einer Plünderung tötete er einen russischen Soldaten. Dies schilderte er später in seinem Tagebuch als rauschhaft erlebten Initialmord.

1946 und 1947 betätigte sich Pleil als Grenzführer im südlichen Harz. Gegen Bezahlung geleitete er Menschen in beide Richtungen über die grüne Grenze zwischen Ost und West. Pleil und seine Kumpane, der zum Zeitpunkt des Prozesses 22-jährige Konrad Schüßler und der 36-jährige Karl Hoffmann, ermordeten, vergewaltigten und beraubten in dieser Zeit mindestens zwölf Frauen, von denen vier nie identifiziert werden konnten. Verhaftet wurde Pleil am 21. April 1947 allerdings wegen der Tötung des Hamburger Kaufmanns Hermann Bennen, seinem einzigen männlichen Opfer, in der Nähe von Zorge (im Unterharz, zwischen Braunlage und Bad Lauterberg). Das Gericht brachte Pleil nicht mit den zahlreichen anderen Morden an der Zonengrenze in Verbindung und wertete die Tat aufgrund von Pleils Epilepsie, und weil der Angeklagte zum Tatzeitpunkt stark angetrunken war, als Totschlag. Bei Mord hätte die damals noch geltende Todesstrafe gedroht. Diese wurde erst durch das Inkrafttreten des Grundgesetzes am 23. Mai 1949 abgeschafft, das sie in Artikel 102 verbot. So wurde Pleil zu zwölf Jahren Zuchthaus verurteilt. Erst in der Haft in Celle begann Pleil, die anderen Mordtaten zu gestehen. Er benannte Leichenfundorte und ging daran, seine Memoiren zu schreiben, die er »Mein Kampf« betitelte, verfasst von »Rudolf Pleil, Totmacher a. D.«. In einem Brief bewarb er sich beim Bürgermeister von Vienenburg, einem der Tatorte, sogar als »Scharfrichter und Totmacher«. Insgesamt bezichtigte sich Pleil, 25 Morde begangen zu haben – einen mehr als Fritz Haarmann, was ihn in seinen eigenen Worten zum »größten Totmacher von allen Zeiten in Deutschland und sämtlichen Ausländern« machen sollte.

Am 31. Oktober 1950 begann auf der Grundlage von Pleils Geständnissen der zweite Prozess gegen ihn in Braunschweig. Der »Spiegel« vom 8. November 1950 sprach von einem »ungeheuren Publikumsandrang« – obwohl die Öffentlichkeit später ausgeschlossen wurde –, und der »Stern« berichtete: »Zu dem Prozess [...] schickten u.a. die großen Pariser Tageszeitungen ihre Korrespondenten. Unser Bild ... zeigt den Verteidiger Pleils Dr. Hallermann im Gespräch mit M. Leborde vom ›France-Soir‹ und M. Bernard-Derosne vom ›Aurore‹.« Es ist fast so etwas wie Stolz aus diesem Artikel herauszulesen, Stolz oder vielleicht eher Genugtuung darüber, dass ein »normaler« Strafprozess in Deutschland, in dem nicht gegen Nazi-Täter verhandelt wurde, die ausländische Presse bewog, ihre Vertreter zu entsenden: Man spielte wieder eine internationale Rolle. Derartige Bekenntnisse heimlichen Nationalstolzes, die sonst vor allem im Zusammenhang mit dem Gewinn der Fußballweltmeisterschaft 1954 im Berner Wankdorfstadion geäußert wurden, bei einem Mordprozess zu lesen, mutet zunächst seltsam an. Ähnliches geschah jedoch auch 1959 im Fall Werner Boost. Darüber wird noch zu berichten sein. Sie sind Ausweis der tief empfundenen Demütigung vieler Deutscher, ihr Land von den Siegermächten besetzt und sich auf den Zustand eines Kolonialvolkes herabgedrückt zu sehen, nachdem ihnen ihre Regierung zwölf Jahre lang eingeredet hatte, einer unbesiegbaren Herrenrasse anzugehören. Jedes noch so geringfügige Ereignis, bei dem die Bewohner von »Trizonesien« (wie es in einem ironischen Karnevalsschlager der Zeit von Karl Berbuer hieß) annehmen konnten, das Ausland behandle die Deutschen nicht als Besiegte und Schuldige, sondern gleichsam »auf Augenhöhe«, wurde deshalb bemerkt und gebührend kommentiert.

Pleil versuchte im Prozess, sich ständig in den Mittelpunkt zu stellen, kommentierte fortwährend die Verhandlung und störte durch Zwischenrufe. Konrad Schüßler, der zwischenzeitlich zur Fremdenlegion gegangen war, aber nach Deutschland zurückkehrte, als er von den Ermittlungen gegen sich erfuhr, gestand die Beteiligung an drei Morden und wurde am 17. November 1950 zu lebenslanger Haft verurteilt. Karl Hoffmann, der vor Gericht jede Beteiligung an den Taten abstritt, aber von Pleil schwer belastet wurde, erhielt wegen der Beteiligung an sieben Morden die gleiche Strafe. Beide kamen Anfang der 1970er Jahre über Gnadengesuche wieder frei. Pleil bekam wegen zehnfachen Mordes ebenfalls lebenslänglich und erhängte sich am 16. Februar 1958 in seiner Zelle.

Rudolf Pleil hatte vor Gericht zunächst ein volles Geständnis abgelegt. Nach der Urteilsverkündung widerrief er jedoch zum Teil und ließ seinen Verteidiger ankündigen, er wolle in Revision gehen. Diese wurde allerdings nicht zugelassen. Es ist zu vermuten, dass Pleils Geständniswiderruf nach der Urteilsverkündung damit zusammenhing, dass er auf eine Einweisung in eine Anstalt spekuliert und sich zu diesem Zweck absichtlich wie ein Geisteskranker verhalten hatte, z. B. indem er freiwillig ausgeschmückte Geständnisse ablegte. Diese Vermutung wird untermauert durch Spekulationen über seinen Geisteszustand während des Prozesses, auf die später noch eingegangen wird. Vielleicht wollte Pleil, als er merkte, dass seine Taktik nicht aufgegangen war, doch noch eine andere Strategie anwenden. Doch es war zu spät.

»Der beste Totmacher. Größter Mordprozess der Nachkriegszeit ... eröffnet«

Mit dieser Überschrift machte das »Hamburger Echo« am 31. Oktober 1950 die Titelseite auf. Im Allgemeinen war die Berichterstattung in den Tageszeitungen recht sachlich gehalten und darum bemüht, den Fortgang der Verhandlung wiederzugeben. Erstaunlich ist dabei, dass ein einziger Korrespondent, ein gewisser Dr. W., die Berichte für beide in die Untersuchung einbezogenen Hamburger Tageszeitungen lieferte, sowohl für das konservative »Hamburger Abendblatt« als auch für das wiedergegründete linke »Hamburger Echo«. Seine Berichte unterscheiden sich zwar nicht dem Inhalt nach, wohl aber durch die verwendeten Sprachbilder; im »Abendblatt« klingen seine Berichte nüchterner, im »Echo« sind sie stärker ausgeschmückt. Das mag auf unterschiedliche Erwartungen der jeweiligen Leserschaft zurückzuführen sein.

Die intensive Presseberichterstattung scheint sich auf Norddeutschland konzentriert zu haben. Die wenigen damals schon bestehenden überregionalen Blätter (wie die Wochenzeitung »Die Zeit«) schrieben statt über Pleil über den gleichzeitig stattfindenden Prozess gegen Dr. Corten, der seine gesunde Ehefrau in die Psychiatrie hatte einweisen lassen, um für seine junge Geliebte frei zu sein. Eine andere bedeutende Zeitung der jungen Bundesrepublik, die von den amerikanischen Besatzungsmächten gegründete »Neue Zeitung« aus Frankfurt am Main, brachte am 18. November 1950 auf der Titelseite nur eine kurze Meldung über das Urteil und zitierte aus der Urteilsbegründung des Vorsitzenden Paul Lüttich: »... es möge dahingestellt bleiben, ob man Menschen als Bestien bezeichnen könne. Die von den Verurteilten begangenen Verbrechen seien jedenfalls bestialisch gewesen.« Bezeichnenderweise fanden sich in Zeitungen aus der DDR, wie der »Täglichen Rundschau« – dem DDR-Pendant zur »Neuen Zeitung« –, keine Berichte über den Mörder illegaler Grenzgänger. Dieses Thema war unerwünscht. Stattdessen wurde über erbaulichere und staatstragende Themen wie die Fortschritte beim Wiederaufbau, die ersten Volkskammer-Wahlen und den 33. Jahrestag der Oktoberrevolution geschrieben.

Im Gegensatz dazu fuhren die jungen westdeutschen Illustrierten schweres publizistisches Geschütz auf: Sowohl der »Stern« als auch die »Quick« (19. November 1950) lieferten einen Bildbericht zum Pleil-Prozess, wobei vordringlich auf die Wirkung der Fotos vertraut wurde. Ein Bild zeigt beispielsweise den eingeschlagenen Schädel eines Mordopfers auf dem Richtertisch liegend und wirkt in seiner Komposition wie ein mittelalterliches Memento Mori. Auch der »Spiegel« äußerte sich, indem er dem Anstaltsarzt und Medizinalrat Fritz Barnstorf vor Prozessbeginn die Möglichkeit gab, einen vierseitigen Artikel zu veröffentlichen. Barnstorf hatte, seit er 1947 als Gutachter zum ersten Prozess gegen Pleil hinzugezogen worden war, einige Gespräche mit Pleil geführt.

»Morde aus Lust und Gier«

Aus den Prozessberichten kristallisierten sich einige vordringlich behandelte Themen heraus, obwohl sie sich im Grundsatz darauf beschränkten, die Ereignisse im Gerichtssaal zu schildern: Zunächst ging es um das Motiv Pleils. Das »Hamburger Echo« stellte bereits zu Prozessbeginn am 31. Oktober klar: »Er gilt als geborener Triebverbrecher, der wie ein Raubtier gemordet hat und sich dabei geschlechtlich befriedigte.« Die bereits hinlänglich bekannte Tiermetapher – sie tauchte regelmäßig wieder auf, seit Londoner Boulevardblätter 1888 Jack the Ripper eine »blutdurstige Bestie« genannt hatten – wurde also auch in den 1950er Jahren wieder zur Stigmatisierung des Täters herangezogen. Gleiches gilt für das aus dem 19. Jahrhundert stammende Konzept des »geborenen Verbrechers« als eigenem, äußerlich identifizierbarem Menschentypus. Dabei wurde darauf verwiesen, dass Pleils Konstitution ihn keinesfalls unzurechnungsfähig mache.

Das »Hamburger Abendblatt« schlug, wenn auch mit weniger schriller Wortwahl als das »Echo«, in die gleiche Kerbe und konstatierte zum Auftakt der Verhandlung, ohne dass bis dahin ein einziger Gutachter gehört worden war: »Man hat in Pleil einen reinen Lustmörder zu sehen.«

Diese Sicherheit geriet jedoch im Verlauf des Prozesses ins Wanken. Schon zum Verhandlungsauftakt zitierte das »Abendblatt« den Anwalt Hoffmanns, der behauptete, Pleils Sadismus sei von ihm erfunden, das wahre Motiv indessen Habgier gewesen – wogegen Pleil lautstark protestierte. Am 3. November wich dann das »Echo« erstmals von der einfachen Erklärung ab: »Es ist auffällig, dass niemand, der mit Pleil früher in Berührung kam, etwas Schlechtes über ihn zu sagen weiß ...« Im Gegenteil, der »Unhold« wurde als »fleißig und hilfsbereit« beschrieben. Und bevor er im August 1948 begonnen habe, sich im Zuchthaus »als Totmacher aufzuspielen«, habe er durchaus »Gefühlswärme« gezeigt. Die Zeitung folgerte daraus: »Es besteht kein Zweifel, dass er sich hier absichtlich verstellt.« Das »Abendblatt« schrieb am selben Tag, die Lustmorde seien von Pleil nur vorgetäuscht worden, um nicht verurteilt, sondern in eine Heilanstalt eingewiesen zu werden. In Wahrheit habe es sich um schlichte Raubmorde gehandelt. Auch die Polizei habe in Pleil zunächst nur einen Raubmörder gesehen. Sein kaltes Auftreten und seine seltsamen Äußerungen sollten allein dem Zweck dienen, für unzurechnungsfähig erklärt zu werden. Am nächsten Tag wurde Pleil dann im »Echo« mit dem Ausspruch zitiert: »Man hat mich zwar als grausamen Menschen geschildert, aber ich habe mich wohl grausamer gemacht, als ich bin.« Und am 8. November lautete die Überschrift sogar »Der eiskalte Pleil weinte«. Das Blatt versuchte offenbar, das Bild des »Tier[es] in Menschengestalt« (31. Oktober) aufzubrechen, indem es Pleil nun auf einmal menschliche Reaktionen zubilligte.

Im gleichen Artikel wurde jedoch ebenfalls berichtet, dass Pleil eine Puppe, die er einem Mordopfer entwendet hatte, seiner eigenen Tochter zu Weihnachten geschenkt habe. Und auch die Zitate aus Pleils Lebensbeichte waren nicht dazu angetan, die Leserschaft ernsthaft zu erweichen. So schrieb Pleil beispielsweise über den Mord an Margarete Meyer: »Das war mal wieder mein Fall. Jung und knusprig, nicht so dürre. Auch hatte ich meinen Totmachungsapparat bei mir, sodass ich die Zeit kaum erwarten konnte. Wenn ich man immer solche zum Totmachen hätte, dann wäre ich froh.«

Dennoch war der Keim der Unsicherheit gelegt. Handelte es sich nun um Raub- oder Lustmord? Klarheit sollten die psychiatrischen Gutachter bringen, deren Ausführungen das »Hamburger Abendblatt« am 10. November wiedergab. Zunächst referierte Prof. Ewald aus Göttingen drei mögliche Beweggründe Pleils: seine Epilepsie, seinen Alkoholismus und seine »abnorme sexuelle Veranlagung des Sadismus«. Keinesfalls jedoch habe all dies dazu geführt, dass Pleil nicht anders hätte handeln können. Er sei ein Lustmörder, das Raubmotiv stehe im Hintergrund. § 51,1 StGB, also Unzurechnungsfähigkeit zum Tatzeitpunkt, sei daher auszuschließen, dafür solle aber § 51,2, erhebliche Verminderung der Willenskraft, Anwendung finden, was eventuell die Einweisung in eine Anstalt oder zumindest eine Milderung der Strafe nach sich gezogen hätte. Dem widersprach der zweite Gutachter, der Gerichtsmediziner Prof. Jungmichel: »Pleil stehe geistig weit über dem Durchschnitt. Die Triebhaftigkeit sei bei ihm nicht so erheblich, dass sie ihn zu einem kranken Menschen gemacht habe, wohl aber zu einem abnormen.« Er sah also keine Einschränkung der Zurechnungsfähigkeit. Pleils Anwalt äußerte in seinem Schlussplädoyer dennoch erhebliche Zweifel an der geistigen Gesundheit seines Mandanten. Interessant ist die von ihm aufgebotene Begründung: »Seiner Ansicht nach habe ein unglückseliges Erlebnis mit einem homosexuellen Manne die schwersten Folgen für Pleils Entwicklung gehabt.« (»Hamburger Echo«, 14. November). Erneut – und nicht zum letzten Mal – wurde die Gefahr der Homosexualität für die moralische Gesundheit heraufbeschworen. Bereits am 1. November hatte der Angeklagte selbst Stellung bezogen: »Ich bin nun mal so anormal veranlagt. Dafür bin ich zu meinen Taten berechtigt. [...] Ich habe es oft genug im Guten mit den Frauen versucht. So war meine Einstellung damals, und so ist sie heute noch.«

Das Gericht attestierte in seinem Urteil dem Angeklagten volle Zurechnungsfähigkeit. Am 18. November stand im »Abendblatt« als Auszug aus der Urteilsbegründung zu lesen: »Pleils perverser Trieb sei nicht so stark gewesen, dass er einem Zwang zur Ausübung seiner Taten unterlag. Niemals sei er unfähig gewesen, das Unerlaubte seiner Verbrechen einzusehen.«

Die »Quick« legte sich in ihrem Bericht nicht eindeutig auf Pleils Motiv fest, sondern zeichnete das Bild eines kaltblütigen Psychopathen: »›Noch in hundert Jahren soll man von mir reden!‹ Pleil, den medizinische Sachverständige für voll zurechnungsfähig halten, ist eine seltene Mischung aus Lust- und Raubmörder. In ›Memoiren‹ schildert er die grausigen Etappen seiner Laufbahn. Und er schlägt gewissenhaft-eifrig bei der Verhandlung nach. Ungerührt erzählt er – und sieht dabei aus wie ein gemütlicher Spießbürger. [...] Pleil, der sich – infernalisch-grotesk – bemüht, mehr Morde nachzuweisen, als man ihm vorwirft. [...] ›Das, was einer haben muss, das darf er!‹, ist Pleils Meinung. Satanisch-roh sagt er aus – ein unbegreifliches Rätsel der Menschheit, aber ein Teufel, auf den – keine Todesstrafe wartet!« Pleil erscheine zwar irre, sei aber dennoch voll verantwortlich. Regelrecht bedauernd wird die erst kürzlich erfolgte Abschaffung der Todesstrafe konstatiert.

Ähnlich plakativ argumentierte der »Stern«. Als Tatantrieb musste »eine tierhafte Triebhaftigkeit« herhalten. So wurde Pleil zur sexbesessenen Bestie stilisiert. Weiter hieß es: »Ob das Urteil aber das Rätsel dieser menschlichen Abgründe aufklären kann, das erscheint ebenso fraglich wie die Paragrafen, die gebieten, dass Mörder wie Pleil noch jahrzehntelang in Gefängnissen durchgefüttert werden müssen. Ist dieser Epileptiker, der an der Unfruchtbarmachung vorbeiging, dieser Alkoholsüchtige, der das Abenteuer des Kriegslebens genoss, dieser Grenzgänger zwischen den Zeiten, der zum Lust- und Raubmörder wurde, dieser heimatlos Entwurzelte und Gottlose, der aus seinen Morden die Erkenntnis zog, dass das Leben mit dem Tode vorbei sei – ist dieser Rudolf Pleil überhaupt ein Mensch mit einer menschlichen Seele?« Die Antwort auf diese Frage konnte so populistisch betrachtet nur negativ ausfallen. Allein die Illustrierten thematisierten (und bedauerten) übrigens, dass die Todesstrafe nicht mehr verhängt werden konnte. Nur hier kam eine derart starke Kritik an ihrer Abschaffung zum Ausdruck, was in diesem Fall wohl dem Empfinden der kochenden Volksseele entsprach. Übrigens war das Argument, dass die lebenslange Verwahrung solcher Menschen eine hohe Belastung, z. B. finanzieller Natur, mit sich bringe, bereits in der Diskussion um die »Vernichtung lebensunwerten Lebens« in der Weimarer Republik aufgetaucht. Sogar über die Kosten des Prozesses war im Fall des Peter Kürten (1931) lamentiert worden, und in der Verhandlung gegen Adolf Seefeld (1936) hatte der Staatsanwalt ganz offen Verständnis für die hierdurch motivierten Forderungen nach einem »kurzen Prozess« erkennen lassen. Der »Stern« griff mit seiner Agitation also auf bekannte Argumentationsmuster zurück, die der Leserschaft immer noch – trotz ihrer Auswüchse unter den Nazis – als plausibel erschienen.

Der »Spiegel« ließ schließlich einen medizinischen Sachverständigen zu Wort kommen. Obwohl der betonte, dass er vor dem Verfahren eigentlich nichts sagen dürfe, füllte er doch vier Seiten mit Pleils Geschichte. Barnstorf stellte Pleil zunächst in eine Reihe mit »Haarmann, Seefeld, Kürten, Denke und Luedge« [sic] und machte damit klar, in welch verdorbenes Umfeld er einzuordnen sei. Allerdings sei Pleil deswegen einzigartig und sogar noch schlimmer als diese berüchtigten Täter, da selbst der Mediziner »nie so grauenhaft deutlich die abnorme Triebentladung sich enthüllen« gesehen habe wie bei ihm. Für Barnstorf war Pleil eine »abnorme Persönlichkeit«. Solche Menschen seien »zwar vom Durchschnitt der Menschenartung abweichende Variationen, die als solche aber nicht krank heißen«. Zudem nannte er ihn einen »gemütlosen Psychopathen« und griff sogar das alte Konzept der »moral insanity« wieder auf, eine Theorie, die bereits 1835 vom britischen Psychiater James Pritchard entwickelt worden war. Darunter verstand man eine Form von Geisteskrankheit, die nur die Emotionen und den Willen beeinflusste, nicht aber den Intellekt. Cesare Lombroso baute diesen Ansatz in sein Konzept vom »geborenen Verbrecher« ein. Und auch in Barnstorfs Artikel fehlt der Verweis auf diese Kriminellengattung nicht. Hier wird deutlich, dass auch im Nachkriegsdeutschland keine Abkehr von den alten, von den Nationalsozialisten begierig aufgegriffenen, biologistischen Verbrechenslehren vollzogen worden war. Selbst die Kriminalbiologie führte Barnstorf kritiklos zum Beleg seiner Thesen an. Darin offenbarte sich eine ungebrochene Kontinuitätslinie, die charakteristisch für die junge Bundesrepublik werden sollte. Ein Bewusstsein aber für den Schaden, den diese Lehren angerichtet hatten, scheint nicht geherrscht zu haben.

Aus Pleil, Hoffmann und Schüßler machte die Presse drei Prototypen von Kriminellen: Den Psychopathen, der auf dem Grad zwischen Genie und Wahnsinn wandele, den verschlagenen Lügner und den reuigen Sünder.

Das »Hamburger Abendblatt« beschrieb Pleil bei seinem ersten Auftritt vor Gericht am 31. Oktober folgendermaßen: »Pleil ist von kleiner, rundlicher Statur mit einem dicken, aufgeschwemmten Gesicht und sieht älter aus, als er ist. Er ist nicht beschränkt oder gar ein halbvertierter Triebmensch, sondern macht einen intelligenten, fast gutmütigen Eindruck.« Auch hier wird wieder Erstaunen darüber deutlich, dass man einem brutalen Mörder seine finsteren Triebe nicht ansehe. Mit dieser – noch heute immer wieder auftauchenden Wahrnehmung – korrespondierte die Übernahme eines Vokabulars, das zwar nicht erst von den Rassehygienikern der Nazis geprägt worden war, aber aufgrund der Erfahrungen der jüngsten Vergangenheit doch mit etwas mehr Vorsicht hätte benutzt werden müssen; immerhin war diese Begrifflichkeit dazu verwendet worden, Euthanasie, die Vernichtung »lebensunwerten Lebens« und die industrialisierte Ermordung von Millionen so genannter »Untermenschen« zu rechtfertigen. Aber solche Sprachbilder scheinen eine kaum zu durchbrechende Beständigkeit aufzuweisen. Barnstorf schrieb im »Spiegel« von einem »untersetzte[n], verfettete[n] Bursche[n] mit ostischem Kugelkopf«. Keine sehr schmeichelhafte Darstellung, auffällig ist aber auch hier die der Rassenbiologie entlehnte Ausdrucksweise.

Auch der »Stern« wunderte sich: »Man erwartet, ein Scheusal zu sehen, eine Bestie in Menschengestalt. Aber da sitzt [...] ein etwas fetter Mann mit einem lächelnden, pfiffigen Gesicht, ein Typ wie ein Wehrmachtskoch, redselig und gutgelaunt. Man kann sich vorstellen, dass Frauen, die schwarz über die Zonengrenze gehen wollten, sich der Führung dieses gutmütig dreinblickenden Burschen anvertrauten – aber man kann sich auch vorstellen, dass sie nicht gerade bereit waren, ihm dafür den Preis zu zahlen, den der triebhaft Gierige erwartete.« Die Prüderie der 1950er Jahre machte sich selbst in der Presseberichterstattung über einen als »Lustmörder« postulierten Täter bemerkbar: Trotz des immer wieder auftauchenden Rekurrierens auf sexuelle Motive wurden diese allenfalls schamhaft angedeutet. Pleils sadistische Sexualpraktiken wurden nirgends auch nur ansatzweise ausgeführt, es war höchstens die Rede davon, dass er sich an seinen Opfern »verging« (»Hamburger Abendblatt«, 31. Oktober). Die Artikel erzeugten tatsächlich eher den Eindruck, es habe sich bei Pleil um einen brutalen Raubmörder gehandelt, dem eben eine große Zahl Frauen zum Opfer gefallen war. Sexuelle Aspekte aber, wie sie noch in den 1920er Jahren zur Ausstaffierung eines Lustmordes herangezogen worden waren, verschwanden in der Nachkriegszeit fast völlig aus den Berichten. Statt »Sex and Crime« – ehemals und auch heute wieder Garanten für Verkaufserfolge – beherrschte nun Verklemmtheit die Zeitungsberichte und verfälschte den Tathergang fast bis zur Unkenntlichkeit. Und wenn dies schon in Artikeln über Taten geschah, deren sexuelle Motivation selbst vom Angeklagten nicht bestritten wurde, kann man erahnen, welches Unbehagen beim Umgang mit dem Thema Sex sowohl in der Presse als auch in der Gesellschaft allgemein vorherrschte.

Als eine weitere hervorstechende Eigenschaft schrieb man Pleil Mangel an Mitgefühl zu. Das »Hamburger Echo« teilte am 31. Oktober mit, Pleil schildere seine Mordtaten »unbewegt und oft lachend«. Auch im »Stern« hieß es: »Lächelnd, selbstbewusst und von seiner Wichtigkeit zutiefst überzeugt, sitzt der 26-jährige Rudolf Pleil vor seinen Richtern. Niemand vermag genau zu sagen, wie viele Morde auf das Konto dieser Bestie kommen.« Das hob Pleils vermeintliche Kaltblütigkeit hervor und sollte die Leser in Rage versetzen. Von Reue sei bei ihm keine Spur zu finden. Er habe zudem einen starken Einfluss auf seine Mitangeklagten ausgeübt, besonders auf den jungen Schüßler, ihn geradezu zum Morden verführt. Die Vermutung, Pleil verstelle sich nur, um ein milderes Urteil zu erhalten, trug ebenfalls dazu bei, ihm eine geradezu diabolische Schläue beizumessen.

Dagegen galt Karl Hoffmann als der verschlagene Lügner. Die »Quick« charakterisierte ihn folgendermaßen: »Der Halsabschneider. Der 36-jährige ehemalige Hilfspolizist Karl Hofmann [sic], der zweite Mitangeklagte, kann sich an nichts mehr erinnern. Pleil belastet ihn schwer: Fünfmal wäre er ›dabei gewesen‹, in einem Fall sogar der alleinige Mörder. [...] Später trennte sich Pleil von seinem Komplizen Hofmann, der nur wegen der materiellen Beute morden wollte. Der brutale Halsabschneider war selbst einem Pleil zu gefährlich geworden.« Sogar der Hauptangeklagte blickte also verächtlich auf ihn herab, was die Presse genüsslich ausbreitete, um Hoffmann noch stärker zu stigmatisieren. Das »Hamburger Abendblatt« zitierte am 1. November den entrüsteten Ausspruch Pleils gegenüber Hoffmanns Anwalt: »Solch einen Menschen zu verteidigen wie Hoffmann!« Des Öfteren erzählte Pleil grausige Geschichten davon, wie Hoffmann drei Opfern den Kopf abgeschnitten habe. Bei einer Tat im März 1947 soll er mit einem abgetrennten Kopf in der Hand sogar hinter Pleil hergelaufen sein. Das »Hamburger Echo« schrieb über Pleil: »Dieses Bild verfolge ihn jetzt noch nachts.« Und im »Stern« wurde Pleil mit den Worten zitiert: »Mich ekelte vor seiner ewigen Kopfabschneiderei!« Selbst dem »Totmacher« schauderte vor Hoffmann. Da Hoffmann nur von Pleil belastet wurde und alles »hartnäckig leugnet[e]«, konzentrierte sich ein großer Teil der Berichte auf die Bemühungen der Staatsanwaltschaft, Hoffmanns Beteiligung an den Verbrechen nachzuweisen. Daher erlangte er fast den gleichen Stellenwert wie Pleil, wurde aber noch negativer charakterisiert. Dies erklärt, warum die Forderung von Hoffmanns Anwalt, seinen Mandanten aus Mangel an Beweisen freizusprechen, laut »Abendblatt« zu »lebhafter Erregung des Publikums« führte. Pleil bot zur Wahrheitsfindung übrigens an, eine Nacht mit Hoffmann in einer Zelle zu verbringen, dann werde dieser schon gestehen. Die Antwort des Richters auf dieses Anerbieten zitierte das »Hamburger Echo« am 1. November nicht ohne eine Spur von Humor: »Der Vorsitzende sagte, das Gericht habe keine Lust, dann noch eine neue Anklage wegen Mordes gegen Pleil erheben zu müssen.«

Ganz anders verhielt es sich bei Konrad Schüßler, der freiwillig aus der Fremdenlegion zurückgekehrt sei, um sich dem Prozess zu stellen. Das »Hamburger Abendblatt« zitierte als Begründung: »Die Schande für meine Eltern trieb mich nach Hause.« Ganz im Einklang mit dem wiedererwachten Familiensinn zeigte sich Schüßler als guter Sohn. Er gestand alles und bestätigte Pleils Angaben über Hoffmann. Die Presse zeichnete daher ein positives Bild von ihm, auch, was sein Äußeres betraf: »Schüßler, groß, schlank und gut gewachsen, hinterließ im ganzen einen guten Eindruck.« (»Abendblatt«, 1. November). Auch deutete sich Reue an, wenn es beispielsweise hieß, dass er »sich beschämt unter die Anklagebank beugte« (»Hamburger Echo«, 14. November). Der gleiche Artikel gab wieder, wie Schüßlers Anwalt ihn sah: Sein Mandant sei ein »sehr minderbegabter und unreifer Mensch«. Schüßler erschien als reuiger Sünder und fast als Opfer. Die »Quick« nannte ihn: »Der Lockvogel. Der 22-jährige Schüßler, der ›schöne Konrad‹, sitzt mit Pleil auf der Anklagebank. Er hielt seinem ›Chef‹ die Bandentreue, bis Pleil ihn aufforderte, seine Beteiligung am Doppelmord bei Vienenburg – Konrad lockte zwei Frauen an – und am einzigen nicht gelungenen Mord bei Ilfeld ... einzugestehen. Schüßler floh damals in die Fremdenlegion, kehrte aber vor kurzem zurück und stellte sich selbst der Polizei. Das Gewissen ließ ihm keine Ruhe. ›Ich habe in der Legion viehische Dinge erlebt, aber so was Dreckiges, eine wehrlose Frau totzuschlagen – ich weiß nicht, wie ich dazu gekommen bin!‹« Selbst die berüchtigte Fremdenlegion habe mehr Mitleid gekannt als Pleil. Dazu druckte die »Quick« ein nettes, freundliches Bild von Schüßler, ganz im Gegensatz zum Foto von Hoffmann, das nicht gerade ansehnlich war.

Morde im Niemandsland

Die nationalsozialistische Vergangenheit wurde im Zusammenhang mit dem Pleil-Prozess in der Presse kaum thematisiert. Das »Hamburger Abendblatt« nannte das Kriegsende verharmlosend und apologetisch »Zusammenbruch«; das war auch die gebräuchliche Diktion der Zeit. Nur Barnstorf spekulierte im »Spiegel« über die brutalisierenden Auswirkungen der Nazi-Diktatur auf einen Menschen wie Pleil: »Die Gleichgültigkeit gegen das Leben ist schon bei normalen Charakteren durch die Massenvernichtungen des Bomben-und-KZ-Zeitalters gestiegen. [...] Wo schon durchschnittlich reagierende ›Normal‹menschen die Bewertungsmaßstäbe für Leben und Eigentum verlieren, da muss eine [...] Natur wie Pleil in den Zeitumständen geradezu ihr Lebenselement entdecken.« Gerade der Krieg habe Pleils niedere Instinkte heranreifen lassen: »Pleil wird ein willenloses Geschöpf des Krieges, dessen Schrecknisse ihn in seiner Gefühlsstumpfheit zwar nicht erschüttern, dessen lebensverachtende Roheit ihn aber zu seiner eigentlichen Natur heranreifen lässt.« Nur hier tauchen in der gesamten Berichterstattung überhaupt Anspielungen auf die Geschehnisse zwischen 1933 und 1945 auf. Die übrige Presse griff nicht darauf zurück, was durchaus einer aus Weimar überkommenen Traditionslinie entsprach: Auch die Serienmordfälle der 1920er Jahre waren von den Zeitgenossen in aller Regel nicht mit dem Ersten Weltkrieg in Zusammenhang gebracht worden. Vielmehr wurden damals die Spätfolgen der Niederlage verantwortlich gemacht und das damit verbundene Chaos der Inflation. Auf der anderen Seite allerdings war eine kriegsbedingte Entwertung des Menschenlebens von einigen Psychiatern, Philosophen und Juristen in den 1920ern sehr wohl konstatiert worden – ganz im Gegensatz zur frühen Bundesrepublik. Nur der Fachfremde, der Arzt Barnstorf, verknüpfte Pleils Fall mit den Jahren des »Dritten Reiches«, alle Journalisten hüllten sich in Schweigen. Nicht einmal, dass Pleil seine Memoiren »Mein Kampf« nannte, entlockte ihnen einen Kommentar.

Anders sah es mit der damaligen Teilung Deutschlands aus. Diese hatte bereits die Ermittlungen erschwert. Zahlreichen Geständnissen Pleils konnte nicht nachgegangen werden, weil sich die Tatorte nun auf dem Gebiet der DDR befanden, die anscheinend nicht sehr kooperationsbereit gewesen ist. Interessanterweise griff das ehemals sozialdemokratische »Hamburger Echo« dieses Problem nicht auf. Das »Hamburger Abendblatt« deutete die Schwierigkeiten zumindest an: So sei Pleils Ehefrau nicht zum Prozess erschienen, da sie in der »sowjetischen Zone« wohnte. Die Gründung der DDR 1949 wurde geflissentlich übergangen. Bei anderen Zeugen hieß es, sie kämen aus der »Ostzone« bzw. seien dort hingegangen und daher nicht mehr erreichbar. Einerseits wurde die deutsche Teilung also von der konservativen Presse durchaus als prozessrelevant wahrgenommen, andererseits vermied man es, die DDR als Staat zu erwähnen, um das Weltbild nicht anzutasten, nach dem die staatliche Einheit Deutschlands weiterbestand und die erfolgten Staatsgründungen nur Provisorien seien. Das entsprach gewissermaßen einer publizistischen Umsetzung der so genannten Hallstein-Doktrin, der offiziellen außenpolitischen Haltung der Bundesrepublik gegenüber der DDR, nach der die DDR nicht als eigenständiger Staat anerkannt wurde.

Stärker als die Tageszeitungen reagierte die illustrierte Wochenpresse auf die Folgen der innerdeutschen Grenzziehung. Die »Quick« überschrieb ihren Bildbericht vom Prozess in Braunschweig mit »Sein Helfershelfer: Das Niemandsland«, sprach vom »unseligen Niemandsland der Zonengrenzen« und gab so der Teilung eine Mitschuld an den Grenzgänger-Morden, allerdings ohne explizit politisch zu werden. Deutlicher wurde Dr. Barnstorf im »Spiegel«. Er schrieb zunächst von der »ablehnende[n] Haltung ostzonaler Polizeistellen« und einer »imaginären Trennungslinie zwischen Ost und West«. Abschließend hieß es: »Zum Symbol der Nachkriegszeit wird der Fall Pleil aber erst durch die Anklage, die [...] sich gegen die Politik der Weltmächte richtet. Diese hat [...] einen Zustand geschaffen und droht ihn zu verewigen, bei [...] dem eine Nachforschung nach dem Körper einer ermordeten Frau an der Grenze haltmachen soll, indes der Kopf der Leiche auf britischem Gebiet gefunden wird.« Damit strich er die Absurdität der Teilung heraus. Weiter fragte Barnstorf: »Wie sollen wir uns über den unmenschlichen Mörder entrüsten, wenn eine unmenschliche Politik ihm die Opfer zutrieb?« Hier wurde dem Handeln der Siegermächte des Zweiten Weltkriegs gegenüber Deutschland eine ganz klare Mitschuld an Pleils Verbrechen zugewiesen. Die deutsche Teilung habe seine Mordtaten überhaupt erst möglich werden lassen. Daher nannte Barnstorf Pleil »ein Symbol des wahnwitzigen Systems, das ein lebendiges Volk in zwei Teile geschnitten hat« – man beachte die Analogie zur Zerstückelung der Pleil-Opfer – und ein »besonders schauriges Memento vor den Grenzpfählen«. Barnstorf hoffte, der Fall werde wenigstens eine »heilsame Wirkung« haben: »Uns allen und auch dem noch gleichgültigen Teil des Auslands die schwärende Wunde der Zonengrenze schmerzhaft in Erinnerung zu halten.«

»Nachts, wenn der Teufel kam«: Die Wiederentdeckung des Falls Bruno Lüdke in den 1950er Jahren

Bruno Lüdke galt lange als »größter deutscher Serienmörder«, bis in den 1990er Jahren ernsthafte Zweifel an seiner Täterschaft laut wurden. Lüdke soll zwischen 1924 und 1943 insgesamt mindestens 53 Menschen, fast ausnahmslos Frauen, ermordet haben. Diese Taten gestand er 1943 der Berliner Polizei in recht dubiosen Verhören. 1944 wurde Lüdke heimlich ins Kriminalmedizinische Zentralinstitut der Sicherheitspolizei in Wien überführt, wo man ihn am 8. April 1944 liquidierte.

Lüdke ist nie vor Gericht gestellt worden. Geraume Zeit lautete die Begründung dafür, die Mächtigen des »Dritten Reiches« hätten die Taten Lüdkes vertuscht, da eine Mordserie dieses Ausmaßes im Nationalsozialismus nicht habe geschehen dürfen. Neuere Forschungen, z. B. von J. A. Blaauw,[6] der die Ermittlungsakten zum Fall Lüdke kritisch untersucht hat, kommen jedoch zu einem ganz anderen Ergebnis: Gegen Lüdke fand kein öffentlicher Schauprozess statt, weil darin deutlich geworden wäre, dass a) Lüdke geistig stark zurückgeblieben war, b) keine eindeutigen Beweise gegen ihn vorlagen, und c) die Verhöre mit ihm von der Berliner Kriminalpolizei erkennbar suggestiv durchgeführt und manipuliert worden waren. Ein guter Verteidiger hätte in einem Prozess erhebliche Zweifel an Lüdkes Schuld wecken können. Doch dies – und die damit verbundene Blamage für die staatlichen Ordnungsmacht im NS-Staat – musste um jeden Preis vermieden werden.

Wir haben den Fall Lüdke und seine Manipulation durch die Strafverfolgungsbehörden im ersten Buch[5] ausführlich behandelt. Hier, wo es um die Rezeption in den 1950er Jahren geht, muss deshalb eine kurze Zusammenfassung genügen: Lüdke, in Köpenick bekannt als der »doofe Bruno«, der bereits 1940 im Zuge eines rassehygienischen Erbgesundheitsverfahrens kastriert worden war, wurde am 18. März 1943 wegen des Mordes an Frieda Rösner verhaftet. Warum Lüdke unter Mordverdacht geriet, ist unbekannt. Gegenüber dem ermittelnden Kommissar Heinrich Franz legte Lüdke in den nächsten Wochen Geständnisse in insgesamt 53 bislang ungeklärten Mordfällen ab. Seinen ersten Mord beging Lüdke angeblich 1924 im Alter von noch nicht einmal 16 Jahren. Das älteste seiner vermeintlichen Opfer war die 81-jährige Wilhelmine Borch, die am 30. Mai 1938 erdrosselt worden war; am jüngsten war mit 23 Jahren Käte Mundt, die am 2. April 1941 ebenfalls erdrosselt wurde. Lüdke wollte seine Opfer aber auch erstochen und erschlagen haben. Die Tatorte, zu denen die Sonderkommission mit Lüdke Exkursionen veranstaltete, verteilten sich über das gesamte Deutsche Reich. Dadurch, dass Lüdke scheinbar die exakten Tatorte wiederfinden konnte, sollte seine Schuld eindeutig belegt werden. Allerdings zeigte sich spätestens bei einem Besuch der Sonderkommission in Hamburg Ende September und Anfang Oktober 1943 – im Übrigen nur zwei Monate nach der Apokalypse des Feuersturms, mit dem alliierte Bomber die Hansestadt überzogen und großenteils verwüstet hatten –, dass Lüdkes Geständnisse nicht zutreffen konnten. Die Hamburger Kripo machte schließlich das Berliner Reichskriminalpolizeiamt (RKPA) auf Lücken und Ungereimtheiten in Lüdkes Aussagen aufmerksam. Daraufhin wurden die Ermittlungen gegen Lüdke stillschweigend eingestellt, der Beschuldigte aber nicht etwa freigelassen, sondern zu kriminalbiologischen Versuchen nach Wien abgeschoben. Als die Untersuchungen dort beendet waren, wurde Lüdke, mutmaßlich auf Befehl, auf jeden Fall aber unter aktiver Beteiligung des RKPA, ermordet.

Etliche Umstände nähren die Zweifel an Lüdkes Täterschaft: Bruno Lüdke konnte weder lesen noch schreiben und verfügte über keinerlei geografische Kenntnisse. Er fand sich nicht einmal in seiner Heimatstadt Berlin zurecht; es ist daher unwahrscheinlich, dass er in der Lage gewesen sein soll, allein quer durch Deutschland zu reisen. Franz selbst bestätigte in einem Schreiben vom 20. Mai 1943 Lüdkes mangelndes Zeitgefühl: Da Lüdke »etwas schwachsinnig« sei und »kein Zeitgedächtnis« habe, könne er »auch nicht angeben, wann er sich außerhalb Berlins aufgehalten hat«. Der entmannte Lüdke hatte schon vor seiner Kastration kein Interesse an Frauen gezeigt, und spätestens seit der Operation erscheinen Lustmorde kaum wahrscheinlich. Indizien, die Lüdkes Täterschaft belegt hätten, fand man an den Tatorten nicht. Die Polizei begründete dies mit Lüdkes Schläue, obwohl dem vermeintlichen Serienmörder 1939 vom Erbgesundheitsgericht »erblicher Schwachsinn« attestiert worden war. Gefundene Fingerabdrücke wurden nie mit denen Lüdkes verglichen, seine Alibis nie überprüft. Dafür stellte Franz Lüdke in den Verhören Suggestivfragen und gewährte ihm »Bedenkzeiten« und »Erinnerungshilfen«. Offensichtliche Widersprüche in den Aussagen versuchte Kommissar Franz durch nachträglich erstellte Berichte auszuräumen. Außerdem gab es in fast allen Lüdke zur Last gelegten Fällen andere Verdächtige, die jedoch nicht hatten überführt werden können.

In den 1950er Jahren wurde für die Öffentlichkeit das Bild

Lüdkes als teuflischer Killer inszeniert. Erst zu dieser Zeit wurde der Fall bekannt gemacht. Bis 1945 war die angebliche Mordserie mit Wissen höchster Stellen verschwiegen worden. So hatte Heinrich Himmler 1943 jegliche Berichterstattung über Lüdke verboten.

Die Enthüllung der »Geheimen Reichssache Bruno Lüdke«

Ein Artikel im »Spiegel« vom 2. März 1950 dürfte die erste Veröffentlichung zu Lüdke nach 1943 sein. Im Rahmen der Serie »Das Spiel ist aus – Arthur Nebe. Glanz und Elend der deutschen Kriminalpolizei« wurde auch der Fall Bruno Lüdke thematisiert. Arthur Nebe war NSDAP-Mitglied und seit 1936 Chef des RKPA. Er soll jedoch auch Kontakte zum Widerstand unterhalten haben und tauchte nach dem Attentat auf Hitler am 20. Juli 1944 unter. Im Januar 1945 wurde Nebe verhaftet, im März vom berüchtigten Volksgerichtshof zum Tode verurteilt und am 21. März hingerichtet.

Der Artikel schildert zunächst Lüdkes Verhaftung im Fall Rösner und das aufkeimende Vertrauensverhältnis zwischen Franz und Lüdke, auf dem die weiteren Geständnisse basierten. Der »Spiegel« meldete fälschlicherweise 84 gestandene Morde. Auch wenn Kommissar Franz als sympathischer Mensch dargestellt wird und jede Kritik an seinen als kumpelhaft dargestellten Verhörmethoden fehlt, lässt der Artikel Zweifel daran zu, dass Lüdke wirklich der Täter war. So werden Bedenken von Mitarbeitern des RKPA ebenso erwähnt wie die Vorbehalte der Hamburger Kripo. Der Leiter der Ermittlungsgruppe B im RKPA, Hans Lobbes, wird sogar mit dem Ausspruch zitiert, dass es zu einer Blamage kommen könne, wenn Lüdke vor dem Gericht Moabit erscheinen müsse. Doch am Ende werden diese Andeutungen beiseite gewischt:

»Im Reichskriminalpolizeiamt waren sich auch die größten Skeptiker darüber einig, daß Lüdke einen großen Teil der von ihm zugegebenen und von Kommissar Franz nachgeprüften 54 Morde auch tatsächlich begangen haben musste.« Dennoch bleibe ein Rest an Ungewissheit, stellte der »Spiegel« fest. Er versuchte dies am Fall Luzie Dümke aus Berlin zu verdeutlichen. Eigentlich war bei dieser Tat aus dem November 1937 Dümkes Liebhaber, von dem sie ein Kind erwartete, unter Verdacht geraten. Dem ließ sich die Tat jedoch nicht nachweisen. Die Presse berichtete intensiv über den Fall, und auch Lüdke hätte davon hören können, lautete das Argument der Zeitschrift. Daher sei es nicht möglich gewesen, »Lüdkes Geständnis zu überprüfen«. Dieser Fall sei nicht der einzige, in dem die Polizei die Täterschaft abschließend nicht mehr habe beweisen können. »Viele Tatorte waren von Bomben zerstört, Zeugen nicht mehr auffindbar, Akten verschwunden. Das Problem Bruno Luedke ließ sich nicht ... lösen.« Der Artikel endet mit der Bemerkung, Lüdke sei bei »obskuren und keineswegs gesetzlichen Versuchen« in Wien gestorben.

Auch wenn der Artikel bei einigen Fällen Raum für Zweifel lässt, ist er im Grundtenor der Überzeugung geschrieben, dass Bruno Lüdke zahlreiche Frauen ermordet hat. Dazu trägt auch die Wortwahl bei. So ist wiederholt von ihm als einem »primitiven Burschen« und »Tiermenschen« die Rede. Dies widerspricht zwar einerseits der Darstellung Lüdkes als schlau und gerissen, steht aber andererseits ganz in der Tradition nationalsozialistischer Rassenterminologie. Eine Szene zwischen Franz und Lüdke wird folgendermaßen geschildert: »Lüdke blieb tierhaft ungerührt. [...] Nur seine kleinen Augen sahen auf den Beamten, wie ein riesiges, sprungbereites Tier ...« Hier ist die entmenschende Tiermetapher auf die Spitze getrieben. Den Artikel illustrieren Fotos von Lüdke, die 1943 für eine Bildmappe des RKPA aufgenommen worden waren. Die Fotos sollten seinerzeit den Zweck erfüllen, Lüdke als möglichst simplen, aber gefährlichen Täter erscheinen zu lassen. Dabei verschwieg der »Spiegel« die Herkunft der Bilder.

Um möglichst authentisch zu wirken – und vielleicht sogar den Eindruck zu erwecken, im Besitz der Polizeiunterlagen zu sein, die zu diesem Zeitpunkt allerdings als verschollen galten und sich wahrscheinlich in Ostberlin befanden –, sind die Gespräche zwischen Lüdke und Franz in wörtlicher Rede wiedergegeben. Lüdke lässt man dabei in einer ausgeprägten Berliner Mundart reden. Dementsprechend liest sich beispielsweise das Geständnis im Fall Rösner, das in den heute in Berlin verwahrten Akten fehlt und wahrscheinlich auch nie schriftlich fixiert wurde: »Und da saß ooch die Olle uf'm Bohm.« – »Und was geschah dann?« – »Denn bin ick hin zu ihr.« – »Und was weiter?« – »Da hab ick ihr jefragt, ob sie mal will.« – »Und was sagte die Frau da?« – »Nee, sagte sie.« – »Und was haben Sie dann gemacht?« – »Da ha' ick ihr an de Kehle jekriegt.« Soweit der »Spiegel«. Die Originalprotokolle machen jedoch einen sehr viel wirreren Eindruck. In ihnen wird deutlich, dass Lüdke stark geistig behindert und nicht in der Lage war, eine schlüssige, zusammenhängende Geschichte zu erzählen. Ein Beispiel: In der Niederschrift eines Verhörs vom 17. Oktober 1943 zu einem Fall aus Braunschweig heißt es:

»Vorhaltung: Bruno, ich habe die Überzeugung, dass Sie das hier nicht gewesen sind.

A.: Jawohl, ick bin det gewesen.

Fr.: Sie haben doch sonst so genaue Angaben über die von Ihnen ausgeführten Morde gemacht, warum geht denn das jetzt nicht?

A.: Weil ick schon alles habe gemacht, und det ist so viel die ganzen Sachen, und dadurch kommt det, dass ick mir det so zusammensuche, und dadurch verwechsle ick det mit was anderet.«

»Nachts, wenn der Teufel kam«: Die Serie der »Münchner Illustrierten«

Wirklich berühmt wurde der Fall Lüdke durch die Serie »Nachts, wenn der Teufel kam«, die die »Münchner Illustrierte« Ende 1956/Anfang 1957 brachte. In 15 Teilen breitete dort der Journalist Will Bertholt ein spannendes Schauermärchen aus, das allerdings nichts mit den wahren Geschehnissen zu tun hatte, dafür aber mit umso mehr Suspense erzählt ist. Häufig sind die Taten zunächst aus der Perspektive des Opfers und erst dann aus der Sicht des Täters geschildert, ohne dass ersichtlich wird, welcher Quelle der Autor seine »Fakten« entnahm. Um die Verhörprotokolle kann es sich nicht gehandelt haben. Wahrscheinlich lag der Redaktion nur der Abschlussbericht von Kommissar Franz vor, der im Archiv nicht überliefert ist, vermutlich aber eine im Sinne des ermittelnden Beamten geschönte Version enthielt. Die »Münchner Illustrierte« behauptete, sie sei im Besitz der »vom Reichssicherheitshauptamt revidierten Akten«. Dabei dürfte es sich allenfalls um Auszüge der Originalakten gehandelt haben, denn die Abteilung V des RSHA wurde zwar über den Stand der Angelegenheit Lüdke informiert, ihr wurden aber die Akten nach Beendigung der Ermittlungen nicht übergeben. Die Artikel dienten als Vorlage für den gleichnamigen Film von Robert Siodmak, der 1957 zahlreiche Bundesfilmpreise einheimste und auf den später noch eingegangen wird.

Die Berichte der »Münchner Illustrierten« sind von sehr emotionalen Momentaufnahmen durchzogen. Schon zu Beginn wird geschildert, wie ein Unschuldiger für einen Mord verurteilt wurde, den eigentlich Bruno Lüdke begangen habe, und wie das Opfer dieses vermeintlichen Justizirrtums an dem Urteil zerbrach. Es handelte sich dabei um den Mord an der 31-jährigen Else Ladwig, die am 9. Mai 1930 in der Altenwedeler Feldmark getötet worden war. Dafür büßen musste angeblich ihr ehemaliger Geliebter, der 26-jährige Hermann Verch, dessen Schicksal in einem späteren Teil der Serie, sozusagen als Klammer, noch einmal aufgegriffen wird, nämlich als Lüdke endlich durch Kommissar Franz überführt und Verch somit reingewaschen wurde. Interessanterweise ist der Fall Ladwig einer der wenigen, über die nach Lüdkes Ergreifung berichtet werden durfte, wenn auch nur in der Lokalpresse. Als Begründung gab das Reichspropagandaministerium in einem Schreiben vom 6. Mai 1944 an: »Auf Anordnung des Reichsführers SS und Chefs der Polizei soll im Allgemeinen in der Deutschen Presse über den Massenmörder Lüdke nichts veröffentlicht werden, mit Ausnahme von 3 besonders gelagerten Fällen, in denen seinerzeit Volksgenossen in den Verdacht der Täterschaft gekommen sind und infolgedessen erhebliche Schwierigkeiten auf sich nehmen mussten. Die Betreffenden haben sich bis in letzte Zeit hinein nicht von dem Verdacht reinigen können. Aus diesem Grunde soll zur Ehrenrettung der Betreffenden in der örtlichen Presse des Tatortes, der auch heute noch Wohnsitz der seinerzeit Verdächtigen ist, eine kurze Notiz über die Aufklärung des betreffenden Mordfalles erfolgen. Die Pressenotizen dürfen aber nur in den einzelnen Tatbezirken erscheinen und nicht von anderen Zeitungen übernommen werden.«

Die Reichszentrale zur Bekämpfung von Kapitalverbrechen gab mit Schreiben vom 5. Mai 1944 an Kriminaldirektor Togotzes vom RKPA die Anweisung, die Pressenotiz über den Mordfall Ladwig möglichst sofort in den entsprechenden Blättern zu veröffentlichen. Folgende Textabfassung war vorgeschrieben: »*Fall Ladwig*: Aufklärung eines Mordfalles aus dem Jahre 1930. Der Mord an der ledigen Else Ladwig bei Altenwedel, der im Jahre 1930 erhebliches Aufsehen in der Umgebung erregte, hat nach langen Ermittlungen der Berliner Kriminalpolizei seine Aufklärung gefunden. Als Täter wurde der 35-jährige Arbeiter Bruno Lüdke aus Berlin ermittelt, der sich z. Zt. nach Landstreicherart in der Gegend von Altenwedel herumgetrieben hat.«

Als ein weiteres Opfer übler Nachrede präsentierte die Illustrierte den Gärtner Friedrich Wilhelm Preuss, der im Fall Klara Ulbrich aus dem Jahr 1924 unter Mordverdacht geraten war und diesen bis in die 1950er Jahre hinein nicht abschütteln konnte. Klara Ulbrich war erwürgt in einem Wald aufgefunden worden, ihr fünfjähriger Sohn hatte zwei Tage unter Schock neben der Leiche ausgeharrt, bis man sie entdeckte. Die Presse hatte dem Fall 1924 viel Aufmerksamkeit geschenkt. Schließlich nahm Lüdke diesen Mord auf sich, bestritt aber, dass noch eine weitere Person – der Junge – dabei gewesen sei, was sein Geständnis unglaubwürdig macht. Im Fall Ulbrich unterblieb allerdings eine Presseveröffentlichung, sodass Preuss nicht rehabilitiert wurde. Nicht genug damit, dass Lüdke fast 20 Jahre lang Frauen ermordet haben soll, er sollte auch das Leben zahlreicher unschuldiger Menschen ruiniert haben, die mit diesen Morden statt seiner in Verbindung gebracht wurden, was die vermeintliche Rücksichtslosigkeit Lüdkes noch unterstrich. Wenn aber diese fälschlicherweise eines Mordes Verdächtigten schon so schlecht gelitten waren, wie musste es dann erst – nach Veröffentlichung der Artikelserie – den Verwandten Bruno Lüdkes gehen? Darüber scheint sich Will Bertholt keine Gedanken gemacht zu haben. Die Schwestern Lüdkes versuchten jedoch, sich für ihren Bruder, der sich ja nicht mehr selbst verteidigen konnte, einzusetzen. Dazu später mehr.

Bertholt übernahm kritiklos – wie auch bereits für den »Spiegel«-Artikel festgestellt – die aus der Nazizeit stammende Darstellung Lüdkes als Serienmörder mitsamt der Bezeichnungen aus der menschenfeindlichen Sprache des »Dritten Reiches«. Schließlich sah er sich als Aufklärer einer von den Nazis vertuschten Mordserie. Dass er diese Aufklärung jedoch mit dem von den Nationalsozialisten zu Propagandazwecken zusammengestellten Material betrieb, mutet schon etwas seltsam an. Bertholt und die Leser der »Münchner Illustrierten« saßen somit dem bereits im »Dritten Reich« konstruierten Bild vom gefährlichen Serienmörder auf. Überdies wurde die Entlarvung der Machenschaften der Nazis mit von eben diesen beschafften Beweisen betrieben. Die dabei verwendeten Sprachbilder waren zum Teil offensichtlich dem Nationalsozialismus entlehnt, es wurden jedoch auch Bilder, Ideen und Ausdrücke gebraucht, die bereits im 19. Jahrhundert und in den 1920er Jahren Verbreitung gefunden hatten. Dass Journalisten die mit diesen Sprachbilden ausgedrückten Anschauungen noch in den 1950ern – nach der einschneidenden Zäsur des verheerenden Regimes und seines Endes im verlorenen Krieg – benutzen oder auf sie anspielen konnten, zeigt, wie langlebig und weit verbreitet bestimmte Ansichten über Serienmörder oder gefährliche Gewaltverbrecher waren.

Die Artikelserie ist, um ihre Wirkung auf den Leser zu erhöhen, reich bebildert mit Fotos aus den drei im RKPA zum Fall Lüdke angelegten Bildmappen. Wie der »Spiegel« ging auch die »Münchner Illustrierte« auf die Herkunft der Fotos nicht ein. Damit konnte sie verbergen, dass die Bilder, auf denen Lüdke primitiv und brutal erscheint, zu genau diesem Zweck gemacht wurden und den Täter nicht objektiv porträtierten. Obendrein stilisiert der Text Lüdke zur »Bestie« – zum »Mörder ohne Beispiel«, wie er wieder und wieder genannt wird, der wahrscheinlich mehr als 100 Menschen ermordet habe; es ist die Rede von der »Gewalt dieses Untiers« und vom »vertierte[n] Mörder«. All dies erweckte zwangsläufig den Eindruck, Lüdke habe vollkommen außerhalb der menschlichen Gesellschaft gestanden. Es wurde vermieden, eine Erklärung für die Auslösung seines »Mordtriebes« zu geben. Der Hinweis auf seine »Vertiertheit« musste ausreichen. Eine Steigerung erfuhr die Tierassoziation nur noch durch die Bezeichnung »menschliche[r] Teufel«, mit der Lüdke nun – ebenso wie im Serientitel – sogar zum ultimativ Bösen gemacht wurde. Durch diese Vorgehensweise vermied man es, eine Erklärung seines Verhaltens – wenn er denn wirklich als Täter in 53 Mordfällen galt – abgeben zu müssen. Er war eben einfach die »Bestie in Menschengestalt«, die morden musste, um ihren bösen Trieb zu befriedigen. Allenfalls wird noch eine »sexuelle Anomalie« angedeutet, die daraus resultiere, dass sich dem Mann mit dem Erscheinungsbild eines »Halbidioten« keine Frau freiwillig hingeben wolle. Doch weiter ging auch die »Münchner Illustrierte« auf sexuelle Aspekte nicht ein. Ein Beispiel für die einerseits verklemmt anmutende Darstellungsweise, die andererseits aber auch Raum für eigene, schreckliche Fantasien ließ, klingt folgendermaßen: »Und er stürzte sich wie ein Tier auf sie. Was er mit der wehrlosen Frau anstellt, ist unbeschreiblich.«

Die Serie erhob schwere Vorwürfe gegen die Polizei im »Dritten Reich«. Zunächst wurde sie beschuldigt, die Mordserie nicht bzw. zu spät erkannt zu haben. So habe es lange gedauert, bis wenigstens die Berliner Polizei die Existenz eines Frauenmörders in der Hauptstadt eingestanden und nach diesem zu suchen begonnen habe. Nur dem unbeirrbaren Eifer von Kommissar Franz sei die Aufklärung der Mordfälle zu verdanken. Allerdings ist dies eine Erfindung Bertholts, um die Geschichte einer nervenaufreibenden Jagd auf einen Serienmörder, der beständig neue Opfer suchte, schreiben zu können. Die Fälle, die Lüdke später gestand, waren nie in einen Zusammenhang gebracht worden. Die Berliner Polizei forschte keinem Serienkiller nach, sondern hatte vielmehr einige ungeklärte Frauenmorde in ihrer Kartei, bei denen die Täter zwar festzustehen schienen, man ihnen jedoch nichts hatte beweisen können. Um ihre Leser richtig zu schockieren, verstärkte die Illustrierte ihre Beschuldigungen noch, indem sie behauptete, dass Lüdke angeblich bereits im Februar 1941 hätte entlarvt werden können. Lüdke sei in einer Kneipe in Fahlenberg bei Gosen auffällig geworden, in der später das Gastwirtsehepaar Pett ermordet aufgefunden worden war. Der Gerichtsarzt soll auf Suizid erkannt haben, obwohl es sich zweifelsfrei um Mord gehandelt hatte. Bertholt meinte, dies sei absichtlich geschehen, um die Bevölkerung nicht zu beunruhigen. Er unterstellte sogar, das RKPA habe von der Vertuschung gewusst und sie vielleicht sogar angeordnet, damit nicht publik würde, dass ein Serienmörder in Nazideutschland sein Unwesen trieb.

Damit schien eine Erklärung gefunden, warum die Mordserie Lüdke so lange unbemerkt geblieben sei und so viele Opfer gefordert habe: Es fehlte eine freie Presse, die – im Stile die »Münchner Illustrierten« – den Fall hätte an die Öffentlichkeit bringen und hierdurch etliche potenzielle Opfer warnen, ja die Mordserie vielleicht sogar beenden können. Das stellt sich dann so dar: »Hat einer der leitenden Beamten den Mut, darauf hinzuweisen, dass das beste Fahndungsinstrument die Presse ist? Dass man Bruno Lüdke mit Sicherheit zumindest Jahre vorher gefasst hätte, dass zwanzig, dreißig Menschen nicht ermordet worden wären, wenn die Öffentlichkeit von den Taten des Bruno Lüdke gewusst hätte?« So wurde der Fall Lüdke zur Apologie einer freien Presse umgedeutet. Deshalb musste er auch wahr sein, Zweifel durften keinen Raum bekommen, da dieses Vorhaben nur funktionierte, wenn wirklich eine Mordserie ungeahnten Ausmaßes vertuscht worden war, weil im »Dritten Reich« nicht sein konnte, was nicht sein durfte. Denn, so wird die angebliche Einstellung der Obrigkeit paraphrasiert: »Deutschland ist ein Ordnungsstaat. [...] Solche Morde werden im dekadenten Westen oder im bolschewistischen Osten verübt. Nicht im nationalsozialistischen Deutschland.« Diese makellose Deutung der presseeigenen Motive, den Fall Lüdke aufzudecken, wirkte auch viel besser als die schnöde Profitgier, der die sensationsheischende Berichterstattung diente. Einen potenziellen Anwurf dieser Art konterte der Autor übrigens geschickt, indem er bemerkte, dass ein Bericht über einen so sensationellen Fall »zwangsläufig sensationell sein musste«. Am Ende der Artikelserie wird außerdem angeführt, sie wolle »die Abgründe einer Zeit beleuchten, die nie wiederkommen darf. [Sie] sollte aufzeigen, wohin eine größenwahnsinnige Polizei und eine gelenkte Justiz führen müssen: Zu Fällen à la Lüdke ...«

Bei einer derart aufklärerischen Begründung könnte man erwarten, dass im Text die Zeit des Nationalsozialismus kritisch beleuchtet wurde. Aber dies war keineswegs der Fall. Wahrscheinlich hätte es zu viele Leser – die in ihrer großen Mehrheit das Naziregime ja unterstützt oder zumindest stillschweigend geduldet hatten – abgeschreckt. Nur an wenigen Stellen wurde dem Leser überhaupt bewusst, dass sich der Fall Lüdke größtenteils in einer menschenverachtenden Diktatur abgespielt hatte. Der Wortlaut erweckt fast durchgehend den Eindruck, als habe es zwischen 1933 und 1945 nur einen Massenmörder in Deutschland gegeben, nämlich Bruno Lüdke.

Viele der Textstellen, die sich auf die Zustände in Nazideutschland beziehen, sind zudem recht ambivalent. »Wer wird sein nächstes Opfer sein?«, fragt der Bericht beispielsweise und zählt dann als Möglichkeiten auf: »Die BDM-Führerin, die gerade […] Socken für die Wehrmacht stopft? Die späte Arbeiterin aus der Munitionsfabrik, die hundemüde und hungrig nach Hause hastet, um schnell noch vor dem Fliegeralarm einen Feldpostbrief zu schreiben?« Hier schwingt keinerlei Kritik am Nationalsozialismus mit, vielmehr wird die damalige Kriegswirklichkeit beschönigt und verklärt nach dem Motto: Es war nicht leicht im Krieg, aber wir haben unser Bestes gegeben. Die Leser sollten sich mit Lüdkes Opfern identifizieren können, um stärker betroffen zu sein und den Täter noch mehr zu verabscheuen. Dabei hätten Vorwürfe und Ansätze der Selbstreflexion nur gestört.

Nur an einer Stelle wird die grausige Realität des NS-Staates deutlich ausgesprochen: »Hier bereitet sich der arische Herrenmensch darauf vor, dem bolschewistischen Untermenschen den Garaus zu machen. Und den Juden. Und den Freimaurern. Und den Katholiken. Hier werden Autobahnen gebaut, und neben den Autobahnen schießen die KZ aus dem Boden.« Hier lässt der Artikel ein einziges Mal ahnen, dass in Deutschland zur Zeit der angeblichen Mordserie Bruno Lüdkes noch in ganz anderen Ausmaßen getötet wurde.

Um Lüdke zu diskreditieren, wird er übrigens als Nazi dargestellt, obwohl man ihm aufgrund seines Geisteszustandes keinerlei ernsthafte politische Einstellung zuschreiben kann. Dennoch legt ihm Bertholt an einer Stelle folgende Worte in den Mund: »›Ihr Schweine‹, sagte er in einer Kneipe, ›ick werde euch helfen. Ick zeije euch an! Ihr habt über den Führer jeschimpft.‹« Die anderen Kneipengäste, darunter auch zwei spätere Opfer Lüdkes, werden hingegen, um sie positiv erscheinen zu lassen, in der gleichen Szene fast schon als Widerstandskämpfer gezeichnet: Der Gastwirt Reinhard Pett schlägt Lüdke auf dessen Ausruf hin ins Gesicht. Dies soll dann Lüdkes Motiv für den Mord am Ehepaar Pett gewesen sein.

Die Leserschaft scheint rege Anteilnahme an der Artikelserie gezeigt zu haben; zumindest versuchte die »Münchner Illustrierte« durch das Abdrucken zahlreicher Leserbriefe, diesen Eindruck zu erwecken. Zunächst versicherten in diesen Zuschriften anonyme Schreiber, dass sich der Fall genauso zugetragen habe, wie Bertholt ihn geschildert hatte. Angeblich könnten die Absender dies bestätigen, da sie damals selbst in der einen oder anderen Form in den Fall verwickelt waren oder jemanden kannten, bei dem dies zutraf. Dadurch bekam Bertholts Geschichte einen zusätzlichen Anstrich von Authentizität. Außerdem berichteten die Zuschriften von dem Entsetzen, das die Aufdeckung des Falles ausgelöst habe, und davon, dass die Leser der »Münchner Illustrierten« durchweg dankbar waren für ihr Engagement. Einige der Zuschriften stammten von Angehörigen der Opfer, die aus der »Münchner Illustrierten« angeblich zum ersten Mal etwas über die wahren Hintergründe des Todes einer geliebten Person erfuhren. Solche Leserbriefe waren geeignet, Leser zu rühren und die Artikel der Zeitschrift als maßgeblich für die Aufklärung der Mordserie erscheinen zu lassen. Eine dritte Kategorie Leserbriefe enthielt Anfragen an die Redaktion, ob nicht auch dieser oder jener unaufgeklärte Frauenmord aus den 1920er und 1930er Jahren auf Lüdkes Konto gehen könnte. Wenngleich auf diese Anfragen nie eine Antwort erschien, deuteten sie ein möglicherweise noch größeres Ausmaß der Mordserie Lüdke an und machten die Enthüllungen der Illustrierten somit noch sensationeller.

Robert Siodmaks Film über Lüdke, »Nachts, wenn der Teufel kam«, der am 19. September 1957 Premiere feierte, erhielt zehn Bundesfilmpreise und kam auch beim Publikum gut an. Er basierte auf der Geschichte Will Bertholts, das Geschehen war jedoch für die filmische Umsetzung abgewandelt worden: Gezeigt wird, dass Bruno Lüdke die Kellnerin Luzie tötet. Unter Verdacht gerät allerdings der Mann, mit dem sie ein Verhältnis hat, SS-Gruppenleiter Keun. Daraufhin schaltet sich das RKPA ein. Währenddessen sucht Kommissar Kersten einen Serienmörder und verhaftet schließlich Bruno Lüdke, was Keun entlasten könnte. Kersten – unschwer als Kommissar Franz zu identifizieren – gewinnt Lüdkes Vertrauen, reist mit ihm durch Deutschland und bekommt so Geständnisse in 53 Mordfällen. Aber dann soll die Existenz Lüdkes plötzlich auf Befehl Adolf Hitlers vertuscht werden, da die Mordserie das Vertrauen der Bevölkerung in die nationalsozialistischen Machthaber erschüttern könnte, oder, wie es im Film heißt, »zum gegenwärtigen Zeitpunkt die Bekanntgabe eines Massenmörders ungeschickt ist«. Alle Beteiligten sollen eliminiert werden: Keun wird ermordet, Kersten an die Front geschickt und Lüdke in Wien liquidiert. Susanne Regener fasst die Botschaft des Films folgendermaßen zusammen: »Nicht nur der Mörder, auch die SS verkörpert hier das Böse [...], während in die Kriminalpolizei ein naiver Glaube gesetzt wird, dass sie von politischen und ideologischen Einflüssen unabhängig sei.«[7]

Der Film wurde, durch die Kraft der bewegten Bilder stärker noch als die Artikel über Lüdke, zur Quelle zweier Legenden über den Fall. Zum einen wurde gesagt, dass Bruno Lüdke ein Serienmörder war und mindestens 53 Menschen ermordet hatte. Lüdke, der bis dahin der breiten Öffentlichkeit unbekannte »größte deutsche Massenmörder«, wurde ins

Rampenlicht gezerrt. Zum anderen betont der Film, dass die Naziführung angeblich beabsichtigte, mit dem Serienmörder Lüdke ein Paradebeispiel für die Gefährlichkeit von Geisteskranken zu schaffen und ihn zur Durchsetzung der Euthanasie an geistig gestörten Menschen heranzuziehen. Dazu sei eine »Lex Lüdke« in Vorbereitung gewesen. Deshalb sollte der Fall zunächst publik gemacht werden, um mit seiner Hilfe die Bevölkerung aufzuhetzen. Diese Vermutung ist verlockend, beruht allerdings auf Spekulationen. Sollten solche Überlegungen existiert haben, wurden sie auf keinen Fall deshalb aufgegeben, weil die NS-Granden plötzlich fürchteten, der Bevölkerung nicht erklären zu können, warum ein Täter wie Lüdke in ihrem »Dritten Reich« habe ungestört morden können, sondern weil klar wurde, dass der Fall Lüdke sich einfach nicht eignete, um ein Exempel zu statuieren. Der Delinquent war so stark geistig zurückgeblieben und seine Geständnisse waren so unglaubhaft, dass er für einen Schauprozess unmöglich in Betracht kam. Im Film, in dem Lüdke vom jungen Mario Adorf dargestellt wird, erhält die Figur durch die gezeigte Dumpfheit etwas sehr Bedrohliches; Lüdke wirkt eher gefährlich geisteskrank als geistig behindert. Der Film gerierte sich als Aufklärung über die Machenschaften der Nationalsozialisten – in Wahrheit stellte er jedoch einen Unschuldigen an den Pranger, der sich nicht einmal mehr wehren konnte.

Übrigens scheint die Wirkung bis heute unverändert. Selbst in dem 2001 erschienenen Buch »Serienkiller in Wirklichkeit und Film« sitzt die Autorin Angelica Schwab der von Bertholt und Siodmak gesponnenen Legende auf, dass Lüdke tatsächlich ein Serienmörder war. Sie schreibt: »Im Laufe der weiteren Untersuchung kam die Polizei auf über 80 Morde, für welche sich der hochgradig geisteskranke Mann schuldig bekannte und die sich nach genauen Recherchen tatsächlich als wahr erwiesen.«[8] Dabei hatte schon Kriminalrat Faulhaber, seinerzeit bei der Hamburger Kripo an den Ermittlungen im Fall Lüdke beteiligt, in der Zeitschrift »Deutsche Polizei« 1958 anlässlich einer Filmbesprechung zu »Nachts, wenn der Teufel kam« darauf hingewiesen, dass Lüdkes Geständnisse als äußerst fragwürdig anzusehen seien, ja sogar als »Lehrfall, [...] wie es zu falschen Geständnissen kommen kann«, gelten würden. Faulhaber erwähnte auch den Mord an der Hamburgerin Mathilde Schlörke, deren Ermordung sich zunächst Lüdke bezichtigt hatte; in diesem Fall legte jedoch 1952 ein gewisser Rudolf K. ein sehr viel glaubwürdigeres Geständnis ab, was zu seiner Verurteilung wegen Mordes führte. Dies war bereits 1956 in der Zeitschrift »Kriminalistik« publiziert worden. Doch weder Will Bertholt noch Robert Siodmak ließen sich davon abbringen, Lüdke als Serienmörder darzustellen. Auch in Siodmaks 1980 erschienener Biografie »Zwischen Berlin und Hollywood« besteht kein Zweifel daran, dass Lüdke wirklich ein Mörder war. Siodmak hebt sogar Bertholts vermeintliches Fachwissen und seine Findigkeit ausdrücklich hervor, wenn er schreibt: »Diese Geschichte wurde nach dem Krieg von dem bekannten Journalisten Will Berthold ausgegraben. Er fand auch den Polizeibericht und Tonbandaufnahmen mit der Stimme des Mörders.« Er suchte jedoch nicht nach bereits damals vorhandenem Entlastungsmaterial. So kam es, dass Lüdke durch Artikel, aber noch nachdrücklicher durch den Film, in den Augen der Öffentlichkeit als wahnsinniger Mörder gebrandmarkt wurde.

Die Kritiker lobten »Nachts, wenn der Teufel kam« als deutschen Film Noir, wobei besonders die Kritik an Nazideutschland im Blickpunkt stand. Enno Patalas schrieb 1957 in der Zeitschrift »Filmkritik«: »Der Film ist zunächst eine unmißverständliche Lektion über den Unrechtscharakter des NS-Staates.« Und auch bei den Kritikern setzten sich die von Siodmak konstruierten Bilder und Anschauungen fest. So hieß es in einer Besprechung von 1957: »Aber dieser Film ist keine Erfindung. Er wurde nach dem unglaublichsten Mordfall der deutschen Kriminalgeschichte gedreht: den Massenmörder Bruno Lüdke hat es wirklich gegeben. Allerdings ist über ihn selbst in Kreisen der Kriminalpolizei nur wenig bekannt. [...] In dem Film ›Nachts, wenn der Teufel kam‹ ist Bruno Lüdke und die Arbeit der Kommission mit ihm mit überraschender Genauigkeit wiedergegeben; Art der Vernehmung, Maske des Darstellers Bruno Lüdke und seine Sprechweise wurden aufgrund vorhandener Originalunterlagen, Wachsplatten mit der Stimme des Mörders und vieler Bilder aus dem Zentralarchiv des RKPA derart genau rekonstruiert, wie es gerade im deutschen Film selten ist. So gewinnt der Zuschauer, obwohl nur ein Mord – und der auch nur andeutungsweise – gezeigt wird, ein seltenes Bild eines Massenmörders, der harmlos schien und ein Teufel war.« Die angeführten Originalunterlagen und die diesen bescheinigte Authentizität verliehen Siodmaks Film eine große Glaubwürdigkeit. Dadurch konnte sich die Vorstellung, dass Bruno Lüdke ein Serienmörder sei, beim Kinopublikum und in der Öffentlichkeit umso mehr festigen. Aber auch hier ist wieder anzumerken, dass der Film oftmals Bilder der Nazi-Propaganda verwendet; Vorlage für viele Einstellungen waren Fotos aus der Bildmappe des RKPA, so z. B. die Szene, in der ein Abdruck von Lüdkes Gesicht genommen wird. Siodmaks Streifen bedient sich mithin nationalsozialistischer Ausdrucksformen: Er reproduziert Vorstellungen, die im »Dritten Reich« zu Agitationszwecken heraufbeschworen worden waren, in Form einer mächtigen Bildsprache. Dies ist in zweierlei Hinsicht interessant. Zum einen wollte Siodmak mit seinem Film zwar das Nazi-Unrecht veranschaulichen, benutzte als Belege dafür aber Material der NS-Propaganda. Zum anderen war Siodmak selbst wegen der Nazi-Diktatur ins amerikanische Exil gegangen. Gerade von ihm wäre also eine Sensibilität für nationalsozialistische Darstellungsmuster zu erwarten gewesen. Dass Siodmak dennoch unkritisch auf Vorlagen aus den 1940er Jahren zurückgriff, belegt wiederum, wie universell glaubhaft und einsetzbar die Bilder vom Serienmörder Lüdke waren.

Juristisches Nachspiel

Bruno Lüdke selbst ist nie von einem Gericht verurteilt worden; dennoch hat ein Gerichtsverfahren zu seinem Fall stattgefunden. 1958 verklagten Lüdkes Schwestern, die die Schuld ihres Bruders immer angezweifelt hatten, die Produktionsgesellschaft Gloria-Film, die »Nachts, wenn der Teufel kam« produziert hatte, vor dem Zivilgericht Hamburg. Sie wollten erreichen, dass der Name ihres Bruders im Film nicht verwendet werden dürfe. Gloria-Film beharrte jedoch darauf, den Film mit Lüdkes Namen zu zeigen – schließlich sollten Nazimachenschaften angeprangert werden, und dafür war es wichtig, einen authentischen Fall zu benutzen. Die Filmgesellschaft rechtfertigte sich damit, dass Lüdke die Morde immerhin gestanden habe und der Film nur wahrheitsgetreu Tatsachen wiedergebe, die sich damals abgespielt hätten. Dabei ließ sie jedoch die Zeitumstände sowie Lüdkes Geisteszustand komplett außer Acht.

Das Gericht folgte der Argumentation der Antragsgegner und gestattete die Verwendung von Lüdkes Namen. Damit sprach es den wehrlosen Lüdke im Nachhinein quasi des Mordes schuldig. Regener schreibt: »Das Gericht schließlich rehabilitierte die populären Darstellungen von Lüdke als Instinktmensch und Serienmörder primitiver Art in Presse und Film und gibt damit auch einer Geschichtsklitterung statt.«[9]

Der Fall des »Liebespaarmörders« Werner Boost und seines Kumpanen Franz Lorbach erregte in den 1950er Jahren große Aufmerksamkeit. Später geriet diese Mordserie jedoch in Vergessenheit. Es gibt seit den 1960er Jahren praktisch keine Publikationen darüber. Und so kursieren auf den einschlägigen Internet-Seiten und in gedruckten Serienmord-Kompilationen teilweise sehr stark fehlerhafte bzw. spekulative Versionen über diese Taten. Um eine Schneise in das Dickicht der Vermutungen zu schlagen, werden im Folgenden zunächst die Ergebnisse der polizeilichen Ermittlungen und des Prozesses etwas ausführlicher wiedergegeben. Die Darstellung erfolgt auf der Grundlage unterschiedlicher Zeitungsmeldungen über den Prozess im November und Dezember 1959.

Die Verbrechensserie des »Liebespaarmörders«

Der mutmaßliche Haupttäter der »Liebespaarmorde«, Werner Boost, wurde am 6. Mai 1928 geboren; er war der uneheliche und ungewollte Sohn der 16-jährigen Hilfsarbeiterin Hildegard Korecki. Seinen Vater lernte er nie kennen. In einem Bericht der Inneren Mission der Evangelischen Kirchengemeinde Düsseldorf über die Familienverhältnisse Boosts, der vor Gericht verlesen wurde, hieß es 1941: »Frau Boost wird weder mit der Erziehung Werners noch mit der ihres sechsjährigen Sohnes Gerd fertig. Die Frau ist schmutzig, liederlich, faul und ungeheuerlich frech. Die Nachbarn haben die schlimmsten Szenen zwischen der Mutter und den Kindern erlebt. So ist Werner seiner Mutter mehrfach mit dem Messer nachgelaufen und hat sie bedroht. Er hat ferner versucht, aus dem

Fenster zu springen und hat gedroht, beim Jugendamt anzugeben, wie die Mutter sei. Beide haben sich mit Ausdrücken wie Biest, Sau usw. tituliert.« Die Mutter schaffte sich das Kind vom Hals: Werner kam zu Verwandten, dann in ein Kinderheim, anschließend zu Pflegeeltern in die Eifel. Von dort lief er fort, zurück zu seiner Mutter nach Düsseldorf. Er wurde wieder in ein Kinderheim abgeschoben. Dann begann er eine Bäckerlehre, die aber mehrfach unterbrochen wurde. Schließlich stahl er seiner Mutter 300 Mark und ging zu Verwandten nach Halle. Wegen des Diebstahls kam er ins Erziehungsheim, leistete dann den obligatorischen Arbeitsdienst, diente einige Monate in der Wehrmacht und kam schließlich in Kriegsgefangenschaft. Ihm gelang die Flucht, und er wurde später Gelegenheitsarbeiter im damals so genannten Mitteldeutschland. Nach Kriegsende betätigte er sich an der Zonengrenze – wie Rudolf Pleil – als illegaler Führer für Flüchtlinge. Er heiratete 1949 in Haldensleben bei Magdeburg und ging 1950 wieder nach Düsseldorf zurück. Die Eheleute bekamen zwei Töchter. Zum Zeitpunkt des Prozesses um die Morde (November/Dezember 1959) war Boost zum dritten Mal vorbestraft: Wegen eines Vergehens gegen das Währungsgesetz saß er 1948 in der Sowjetischen Besatzungszone für drei Wochen im Gefängnis. 1951 verurteilte man ihn wegen fortgesetzten Diebstahls von Metallbeschlägen vom Düsseldorfer Nordfriedhof zu neun Monaten Freiheitsentzug, ebenso wie seinen Mittäter, der im Prozess acht Jahre später übrigens gegen Boost aussagte. 1956 musste er wegen unbefugten Waffenbesitzes sechs Monate ins Gefängnis. Die Polizei verdächtigte ihn zu diesem Zeitpunkt schon dringend der »Liebespaarmorde«, konnte ihm zunächst jedoch nichts nachweisen. Erst als der ebenfalls 1956 verhaftete Franz Lorbach im Februar 1957 anfing, ein umfassendes Geständnis abzulegen, reichten der Justiz die Verdachtsmomente gegen Boost, um ihn auch nach Verbüßung seiner Gefängnisstrafe in Gewahrsam zu behalten. Der 1959 ebenfalls angeklagte Lorbach, zu diesem Zeitpunkt 28 Jahre alt, war zweimal wegen Jagdwilderei und Körperverletzung verurteilt worden.

Die Mordserie an Liebespaaren im Raum Düsseldorf begann 1953. Laut Aussage Lorbachs bemerkten er und Boost bei einem Waldspaziergang am 7. Januar dieses Jahres einen in der Rotterdamer Straße an Düsseldorfs rechtem Rheinufer parkenden Opel Kapitän. Die Insassen hielten sich umarmt. Es waren der Rechtsschutzsekretär des Deutschen Gewerkschaftsbundes, Dr. Bernd Servé, und ein 18-jähriger Hilfsarbeiter namens Adolf Hüllecremer, die schon seit Monaten eine homosexuelle Beziehung hatten. Laut Lorbach hatte Boost ihm, der vor dem Verbrechen zurückschreckte, vorher Tabletten gegeben, nach deren Einnahme ihm zumute gewesen sei, »als ob ich vor einem kapitalen Hirsch stünde und schießen wollte, aber es einfach nicht konnte, weil mich der überwältigende Anblick des Hirsches gelähmt hat«. In diesem Zustand sei er unfähig gewesen, sich der Tat zu widersetzen. Boost habe gesagt: »Den [PKW] nehmen wir uns. Die lassen wir aussteigen, die erkennen uns nicht.« Mit dem Auto habe Boost einen Raubüberfall auf einen Lohntransporter unternehmen wollen. Sie hätten sich mit Masken aus einem Damenstrumpf getarnt und seien von hinten auf das Auto zugegangen. Boost habe an die linke Türscheibe geklopft, die Tür aufgerissen, ein paar Worte gesprochen und Servé, bevor dieser antworten konnte, in den Kopf geschossen. Lorbach erzählte, er sei inzwischen durch die hintere rechte Tür eingestiegen und habe den Beifahrer mit der Pistole bedroht. Als dieser um sein Leben flehte, habe er ihm 5–6-mal mit der Pistole kräftig auf den Kopf geschlagen, bis er zusammenbrach und sich tot stellte. Obwohl Boost ihn zweimal aufgefordert habe, den Beifahrer zu erschießen, widersetzte

Lorbach sich. Hüllecremer überlebte und alarmierte später die Polizei. Dieser Mord war der einzige, den das Gericht Boost, aufgrund von belastenden Indizien, vor allem aber wegen der Aussage Lorbachs, nachweisen konnte. Obwohl das Vorgehen dem in weiteren Fällen deutlich ähnelte, ist es für die Zeit kennzeichnend, dass die Presse diesen Fall nicht zu den Morden an Liebespaaren zählte: Es handelte sich bei den Opfern schließlich um Homosexuelle, was die Berichte zwar nie deutlich aussprachen, was aber dennoch zwischen den Zeilen deutlich wurde. Schwule galten in den 1950er Jahren immer noch als pervers, Homosexualität wurde verschämt verschwiegen.

Gegenstand der Anklage gegen Werner Boost waren weiterhin zwei Doppelmorde – neben einer Reihe von versuchten und durchgeführten Raubtaten und Diebstählen: In der Nacht vom 31. Oktober zum 1. November 1955 wurde ein Liebespaar, der 26-jährige Bäckermeister Friedhelm Behre und die 23-jährige Thea Kürmann, die in ihrem Wagen am Rand von Düsseldorf parkten, angegriffen. Sie wurden bewusstlos geschlagen und der Wagen mit den Betäubten in einem Baggerloch versenkt, worauf sie ertranken. Die Toten entdeckte man erst etwa einen Monat später. Da das Geld aus ihren Brieftaschen fehlte, ging die Polizei von einem Raubmord aus. Am 7. Februar 1956 erfolgte wiederum ein Anschlag auf ein Liebespaar, den 26-jährigen Kraftfahrer Peter Falkenberg und die 23-jährige Stenotypistin Hildegard Wassing, die mit ihrem Wagen in der Nähe von Büderich gehalten hatten. Falkenberg wurde durch einen Pistolenschuss (Kaliber 5,6 mm) schwer verletzt und anschließend erschlagen. Wassing wurde ebenfalls erschlagen. Die beiden Toten wurden verbrannt. Die verkohlten Leichen fand man zwei Tage später. Auch bei ihnen fehlte das Geld.

Die beiden Doppelmorde erregten bundesweit großes Aufsehen. Insgesamt war eine Belohnung von 15 000 DM für Hinweise ausgesetzt; damals eine exorbitant hohe Summe. Kinosteckbriefe wurden verfasst, Plakate aufgehängt, Aufrufe baten um die Mithilfe der Bevölkerung: Daraufhin gingen über 800 Hinweise ein, die sich aber zu keiner heißen Spur verdichteten. Die Sonderkommission umfasste zeitweilig mehr als 60 Kriminalbeamte. Und doch kam sie dem Täter nicht näher, weswegen sie obendrein noch 250 000 Flugblätter im Großraum Düsseldorf verteilte, in denen Liebespaare nach möglichen wichtigen Beobachtungen gefragt wurden.

Für nachgewiesen hielt das Gericht zudem einen Überfall auf ein Paar vom 4. Mai 1956: Lorbach bat an diesem Tag Boost um Hilfe, ein gewildertes Tier zu finden. Beide seien mit Pistolen Boosts bewaffnet in den Wald von Meererbusch gegangen. Dort hätten sie ein Liebespaar aufgespürt. Die Frau floh. Lorbach versuchte immer wieder, sie gewaltsam aufzuhalten, sie konnte sich aber jedes Mal losreißen. Aufgeschreckt durch die Geräusche eines Motorrades und eines Mopeds, stieß er die Frau in einen Bach und lief zu Boost zurück. Der bedrohte den Mann mit einer Pistole, um sein Geld zu erbeuten. Als Lorbach zurückkam, flohen beide Täter.

Am Abend des 10. Juni 1956 fiel dem Revieroberjäger Erich Spath im »Strümper Busch« bei Düsseldorf ein Mann auf, der umherschlich und ein Pärchen, das in einem Wagen saß, beobachtete. Mit vorgehaltener Drillingsbüchse fragte Spath den Mann, was er dort mache. Dieser antwortete, er gehe spazieren, was Spath aber nicht glaubte, zumal der Mann versuchte, ein Pistolenmagazin aus der Tasche gleiten zu lassen. Spath übergab den Mann der Polizei, die bei ihm – es handelte sich um Boost – eine geladene Pistole P 38 (9 mm) und ein Ersatzmagazin mit acht Patronen fand. Aus dieser Festnahme resultierte zunächst nur die Haftstrafe wegen unbefugten Waffenbesitzes.

Erst am 3. November 1959 konnte der Prozess gegen Boost

und Lorbach vor dem Düsseldorfer Schwurgericht beginnen. In den bundesdeutschen Medien fand die Verhandlung große Beachtung; viele Zeitungen schickten eigene Sonderkorrespondenten. Das Zuschauerinteresse war gewaltig: Es mussten Einlasskarten ausgegeben werden, und jeden Tag waren die Bänke im Gerichtssaal mit 200 Menschen bis auf den letzten Platz gefüllt. Am 14. Dezember fällte das Gericht ein überraschendes Urteil: Während die Presse Boost im Fall der Liebespaarmorde schon seit seiner Verhaftung als eindeutig überführt gesehen hatte – sie stützte sich auf entsprechende Aussagen der Polizei –, lautete das Urteil jedoch: »Der Angeklagte Boost ist im Falle Dr. Servé des Mordes in Tateinheit mit besonders schwerem Raub und versuchter Anstiftung zum Mord schuldig. In den Fällen Behre-Kürmann und Falkenberg-Wassing wird er freigesprochen. Weiter ist er eines gemeinschaftlichen schweren Raubes, des versuchten, teils gemeinschaftlichen schweren Raubes in drei Fällen, der gemeinschaftlich versuchten räuberischen Erpressung in Tateinheit mit versuchter Nötigung und gefährlicher Körperverletzung sowie des schweren Diebstahls in zwei Fällen schuldig. Er wird als gefährlicher Gewohnheitsverbrecher zu lebenslangem Zuchthaus verurteilt. Die bürgerlichen Ehrenrechte werden ihm dauernd aberkannt. Der Angeklagte Franz Lorbach ist eines gemeinschaftlich schweren Raubes, eines gemeinschaftlich versuchten schweren Raubes in Tateinheit mit gefährlicher Körperverletzung, einer gemeinschaftlich versuchten räuberischen Erpressung in Tateinheit mit versuchter Nötigung und gefährlicher Körperverletzung sowie eines gemeinschaftlich schweren Diebstahls schuldig. Er wird zu einer Gesamtstrafe von 5 Jahren Zuchthaus verurteilt.«[10] Die »Liebespaarmorde« sind also juristisch nie geahndet worden. Lorbachs Untersuchungshaft wurde auf die milde Strafe angerechnet, sodass er bereits nach zwei Jahren wieder ein freier Mann war. Für Boost hingegen bedeutete die Verurteilung als »gefährlicher Gewohnheitsverbrecher« – nach dem Gewohnheitsverbrechergesetz vom 24. November 1933, einem Auswuchs der NS-Rechtspolitik mithin – Sicherungsverwahrung. Anders als bei einem »normalen« Lebenslänglichen würde er nach 15 Jahren nicht auf eine Begnadigung hoffen können. Zudem bedeutete bis 1977 lebenslänglich tatsächlich eine Haftstrafe bis zum Tod des Verurteilten. Allein auf dem Gnadenweg war eine Entlassung möglich, wobei eine Begnadigung in jedem Einzelfall geprüft wurde und keineswegs obligatorisch war. Erst 1977 stellte das Bundesverfassungsgericht fest, dass unbegrenzter Freiheitsentzug gegen das Resozialisierungsgebot des Grundgesetzes verstieß, weshalb schließlich die heute gängige Obergrenze von 15 Jahren Haft eingeführt wurde.[11]

Polizei und Presse verbreiten das Bild vom bestialischen Intelligenzverbrecher

Die jahrelange ergebnislose Fahndung nach dem »Liebespaarmörder« hatte die Polizei nicht gut aussehen lassen. Um so größer war die Erleichterung, als Boost mit beträchtlicher Hilfe von »Kommissar Zufall« im Juni 1956 dingfest gemacht werden konnte. Am Morgen des 11. Juni gab die Polizei den Namen des Festgenommenen an die Presse weiter und verbreitete, er sei der lange gesuchte Mörder. Schon am Nachmittag folgte aber der erste Rückzieher: Boost leugnete beharrlich, etwas mit den Morden zu tun zu haben, was er im Übrigen bis zuletzt tat, und so bat man die Presse jetzt, nicht den vollen Namen zu nennen, weil die Beweislage dünn sei.

Zwar fand die Polizei belastende Indizien gegen Boost, beispielsweise giftige Chemikalien in seinem Keller und ein

Versteck mit zahlreichen Schusswaffen, aber sie reichten nur zu einer Anklage wegen unerlaubten Waffenbesitzes, die Boost sechs Monate Gefängnis einbrachte. Erst der Hinweis von Frau Boost, man möge sich doch einmal um seinen Freund Franz Lorbach kümmern, brachte den Durchbruch: Lorbach, der Frau Boost finanziell unterstützte, während ihr Mann im Gefängnis saß, hatte dem Druck der Verhöre ungleich weniger entgegenzusetzen als sein Kumpan und fing zu reden an. Er belastete Boost schwer, insbesondere im Mordfall Servé, den die Polizei bislang gar nicht mit den »Liebespaarmorden« in Verbindung gebracht hatte. Aufgrund der Aussage Lorbachs und weiterer Indizienfunde bzw. -wiederentdeckungen – denn die Mordwaffe im Fall Servé lag schon seit längerem in der polizeilichen Asservatenkammer, ohne dass man ihre Bedeutung erkannte – konnte Boost weiter in Haft gehalten werden. Er leugnete allerdings beharrlich, und die Eröffnung der Hauptverhandlung gegen ihn ließ auf sich warten.

Dies war der Stand der Dinge, als ein Journalist des »Stern«, Henry Kolarz, über den Fall zu recherchieren begann, wobei ihn die Polizei nach Kräften unterstützte. Der ermittelnde Hauptkommissar, Mathias Eynck, gewährte dem Reporter jeden gewünschten Einblick in die Ermittlungsakten (aus denen dann häufig wörtlich zitiert wurde). Im Gegenzug pries man ihn als »Meisterdetektiv« und »Spezialisten für unlösbare Fälle«. Von Eynck übernahm der »Stern«-Reporter auch die feste Überzeugung, nur Boost könne der »Liebespaarmörder« sein. Das war schon aus der Überschrift zum ersten der fünf Teile einer Serie über Boost im »Stern« ersichtlich: »Während Werner Boost, unter fünffachem Mordverdacht, in der Untersuchungshaft hartnäckig leugnet, erbringt der Stern-Autor Henry Kolarz in unserem neuen Tatsachenbericht den Beweis: Boost ist der gesuchte Liebespaarmörder.« (9. November 1957). Um das Objekt seiner Artikelreihe interessant zu machen, erhob er Boost zu einer Art Superverbrecher, den »vermutlich außergewöhnlichsten und intelligentesten Mörder der jüngeren deutschen Kriminalgeschichte.« (7. Dezember). Zu diesem Zweck beschrieb er minuziös, wie Boost seine Übeltaten plante und ausführte, beispielsweise im Fall Wassing/Falkenberg: »Dass der Mörder sich derart intensiv mit der Tilgung der Spuren beschäftigt hatte, und dass er nach der Tat mit dem Mercedes nach Düsseldorf zurückfuhr, zeugt von einer geradezu unheimlichen Überlegung und Kaltblütigkeit. Denn jeder Kriminalpsychologe weiß, dass ein Mörder gewöhnlich so schnell wie möglich den Tatort verlässt. Dieser Mörder ist anders. Er nimmt sich viel Zeit für sein Verbrechen, und es ist anzunehmen, dass es ihm einen Genuss besonderer Art bereitet, andere Menschen zu Tode zu quälen. Er kennt offenbar keine Scheu im Umgang mit Leichen. Er scheint sich sogar von ihnen nur ungern zu trennen.« (16. November). Für seine Verbrechen habe er zudem eine »geradezu unheimliche Methodik« entwickelt: »Zu seinem Training gehörte auch ein abgeschlossener Kursus in Judo und Jiu Jitsu. Außerdem lernte er ausgezeichnet schießen und experimentierte mit Giften. Seine krankhafte Fantasie setzte er dafür ein, immer neue Möglichkeiten zu finden, wie man Menschen umbringt.« (30. November). Es war etwa die Rede davon, dass Boost Ballons mit Zyanid gefüllt habe, die er in parkende Autos schweben lassen wollte, um auf diese Weise die Insassen zu töten. Das Motiv sei ein »untergründiger Hass und Neid gegen die Menschheit« und ein »nihilistischer Zerstörungswahn«. Aus »Übermut« habe Boost gemordet, um die Polizei und die Bevölkerung seine Macht fühlen zu lassen.

Untermauern sollte diese Konstruktion eine gruselige Geschichte über Boosts Zeit als illegaler Grenzführer im Zonengrenzgebiet (9. November): Zwar sei weiterhin ungeklärt, welche Verbrechen er in den Jahren 1945 bis 1950 verübt habe, man wisse aber, dass er Schmuggler und Flüchtlinge durch das Niemandsland an der Ostzone gelotst habe – »Menschen, die ihm auf Tod und Leben ausgeliefert waren«. In jener Zeit seien im Gebiet von Haldensleben rund 80 Morde verübt worden, mehr als 50 davon seien noch nicht aufgeklärt. Boost müsse etwas damit zu tun haben; das zeige sich schon daran, dass, als er im Jahre 1950 nach Düsseldorf übersiedelte, die Mordserie mit einem Schlage abgerissen sei. Solche unbelegbaren Andeutungen ließen Boost äußerst gefährlich erscheinen. Ähnlich dubios waren weitere Indizien, die der Autor anführte: So habe Boost z. B. gegenüber Lorbach mit der Menge der Beute geprahlt, die er in dieser Zeit gemacht habe. Laut einer Zeugin sei er häufig mit Wäsche und Schmuck unbekannter Herkunft in Düsseldorf bei seiner Mutter aufgetaucht. Mehr Licht kommt in die dunkle Angelegenheit, wenn man sich den einzigen konkreten Fall ansieht, in dem in diesem Zusammenhang ermittelt wurde. Nachdem die Einzelheiten des Mordfalles Servé bekannt wurden und man Boost, von dem bekannt war, dass er sich als illegaler Grenzführer betätigt hatte, mit dem Fall in Verbindung brachte, bat die Staatsanwaltschaft in Magdeburg die Düsseldorfer Staatsanwaltschaft um Hilfe. Diesem Ersuchen wurde überraschenderweise – auf dem Höhepunkt des Kalten Krieges – stattgegeben, und so wurden zunächst die Mordwaffe und dann Boost selber in die DDR »ausgeliehen«. In der Tat war mit der fraglichen Pistole 1948 auf einen Volkspolizisten geschossen worden. Offenbar hatte Boost in einer Konfrontation an der Zonengrenze die Waffe benutzt. Grenzführer zu sein war seit 1946, als zum Verlassen der Ostzone ein Visum notwendig wurde, ein riskantes Geschäft: Aufgegriffene wurden drakonisch bestraft. Deshalb war es auch ein einträgliches Geschäft, sich als Grenzführer zu betätigen, und häufig bezahlten die Flüchtlinge mit Wertsachen. Schon die Tatsache, dass die

Magdeburger Behörden Boost nach kurzer Befragung im August 1957 wieder nach Düsseldorf überstellten, lässt den 50-fachen Mordvorwurf des »Stern«-Autors als fantastische Geschichte erscheinen, die wahrscheinlich vom Prozess gegen Rudolf Pleil inspiriert war, die nichtsdestoweniger aber keinen realen Hintergrund hatte.

Dem Polizisten Eynck, der so freigiebig mit Informationen war, musste klar sein, dass sein Fall allein an der Glaubwürdigkeit Lorbachs hing. Offenbar hat er deswegen auch dem Journalisten nur Informationen über den Zeugen zukommen lassen, die ihn besonders positiv erscheinen ließen. Dementsprechend nannte die »Stern«-Serie Lorbach auch stets einen »einfachen« Menschen, der »schlichten, geordneten Verhältnissen« entstamme und von einem tiefen katholischen Glauben geprägt sei. Um zu erklären, warum dieser eigentlich ehrenwerte, einfache, religiöse Mann zum Mittäter werden konnte, glaubte man gern den Aussagen Lorbachs, er sei in vollkommene Abhängigkeit zu Boost geraten. Zunächst habe ihn seine »überlegene Intelligenz« fasziniert, dann sei er mit selbstgebrauten Drogen gefügig gemacht und permanent bedroht worden. Er habe am Ende solche Angst vor Boost gehabt, dass er nur noch sterben wollte. Beispielhaft für diese Konstruktion ist die Schilderung vom Überfall auf Servé: Lorbach habe sich dem räuberischen Treiben widersetzen wollen, worauf Boost ihm die schon angeführten Tabletten gegeben haben soll. Seine Schuld sei auch nur gering. Während Boost, in den »Augen ein tückisches Glitzern«, sofort schoss (»Nie im Leben werde ich das tierisch wilde Gesicht von Boost in diesem Augenblick vergessen. Er sah aus wie ein reißender Wolf, und ich hatte furchtbare Angst vor ihm«, erzählte Lorbach der Polizei), schonte Lorbach den Beifahrer, sagte ihm sogar, er solle sich tot stellen. Weil er sich geweigert habe, auf den scheinbar Leblosen zu schießen, habe ihn Boost mit dem Tode bedroht; er sei nur davongekommen, weil er auf Knien um sein Leben gefleht habe (9. November). Boost habe, so folgerte der Autor, aus dem »einigermaßen primitiven« Lorbach einen Homunculus geschaffen, »eine ergebene Kreatur, die gleichzeitig sein Vertrauter und sein Untertan war« (30. November). Dieses einem Dr. Mabuse würdige Vorgehen machte natürlich Boost nur noch unheimlicher. Das Urteil über ihn, der »wachsam wie eine Elster, verschlagen wie ein Fuchs, vorsichtig wie eine Raubkatze, angriffslustig wie ein Stier« sei, so schrieb der Journalist, müsse deshalb lauten: »Boost ist zwar abseitig, aber keineswegs geisteskrank. Er wird daher wohl auch als monströser Außenseiter in die Kriminalgeschichte eingehen.«

In diesem Fall hatte die ungewöhnliche Form der Öffentlichkeitsarbeit der Polizei allerdings ihren Preis: Die ermittelnden Kriminalbeamten waren von Anfang an – auch, als die Beweislage einen solchen Schluss noch nicht zwingend machte – fest davon überzeugt, dass nur Boost der Gesuchte sein konnte. Obendrein streuten sie entsprechende Informationen unters Pressevolk. Und sie recherchierten auch nur in diese Richtung. Dennoch konnte die Polizei keine handfesten Beweise zutage fördern. Die Aussagewilligkeit des zufällig aufgespürten Lorbach muss der Kriminalpolizei in dieser Situation wie ein Geschenk des Himmels vorgekommen sein; deshalb taten ihre Beamten auch alles, um sie zu erhalten. Mit diesem Vorgehen aber knüpfte die Polizei sowohl den ganzen Fall als auch ihre Reputation allzu sehr daran, dass allein Boost als Täter in Frage kam – was vor allem auf der Glaubwürdigkeit des Zeugen und Mittäters Lorbach basierte. Als die eigenartige Behandlung Lorbachs vor Gericht zur Sprache kam, geriet folglich beides in Gefahr, und die Presse ging die Polizei zum Teil hart an.

Prozessberichterstattung: Der Mann mit den zwei Gesichtern

Das vom »Stern« und der Polizei gemeinsam entworfene Bild dominierte die Artikel der Berichterstatter, als am 3. November 1959 endlich der Prozess begann. Das ist auch nicht verwunderlich: Der Autor war offensichtlich mit Insider-Informationen gefüttert worden. Die fünfteilige Reihe im »Stern« war außerdem gut geschrieben, durchaus überzeugend und darüber hinaus spannend. Henry Kollarz, der mit dieser Reihe seine Fähigkeit bewiesen hatte, einen Kriminalfall packend darzustellen, wurde mit seinem Fernsehdrehbuch zu dem Film über den großen englischen Postraub »Die Gentlemen bitten zur Kasse« berühmt. Schließlich war die Story von der mordenden Intelligenzbestie zu spektakulär, als dass man sie leichtfertig abtun konnte.

Die »Bild-Zeitung« z. B. eröffnete ihre Berichterstattung mit der Überschrift: »Pistolenheld Boost streitet Morde eiskalt ab« und nannte ihn »hochintelligent«, »kühl«, »kalt«, »ungerührt«, ausgestattet mit »eiskalter Selbstbeherrschung«. Die »Welt« fand ihn »geistig und körperlich hervorragend trainiert. Und ebenso kaltblütig wie brutal.« (2. November 1959). Die »Bild« spekulierte über seine Motive: »Mordlust, Raubgier, sozialer Haß« (4. November). Am nächsten Tag schrieb sie über Lorbach, er sei »durch Tabletten und Spritzen völlig hörig geworden [...]«.

Doch die Darstellung änderte sich schon sehr bald, denn der Prozess vermittelte durchaus zwiespältige Eindrücke. Zunächst einmal bekamen die Korrespondenten Boost jetzt persönlich zu Gesicht, und nicht nur vermittelt über Fotos und Aussagen der Polizei. Und es war offenbar schwer, den Augenschein mit dem bestehenden Urteil in Einklang zu bringen: »Wer wollte in diesem gut geschnittenen Jungengesicht die Physiognomie eines Mörders erkennen?«, fragte die »Welt am Sonntag« (18. Oktober). Die Korrespondentin des »Hamburger Abendblatts« zeigte sich beeindruckt von dem »großgewachsenen, schlanken, nicht schlecht aussehenden Mann«, der ganz unauffällig wirke (3. November). Auch in ihrem Resümee kurz vor Prozessende beharrte sie darauf, dass Boost nicht das geringste Dämonische an sich habe, mit seinem »freundlichen, durchaus offenen, vielleicht etwas weibisch-hübschen Gesicht« (12. Dezember).

Auch die Ruhe, mit der Boost auf der Anklagebank saß und mitstenografierte, irritierte manchen Berichterstatter: Kein Mann im Saal wirke so unbeteiligt wie er. »Steckt dahinter das ruhige Gewissen eines Menschen, der von seinem eignen Recht überzeugt ist, oder die eiskalte, in drei Jahren Gefängnis trainierte Taktik eines meisterhaften Verbrechers, der weiß, dass er nichts mehr zu verlieren hat?« (Düsseldorfer »Spätausgabe«, 11. November). Ganz ähnlich sah es auch die »Abendblatt«-Korrespondentin: »Boost geriet nur dann aus der Fassung, wenn die Rede auf seine Kinder und auf seine schlimme Jugend kam [...]. Er spricht fließend, mit einem erstaunlichen Sprachschatz, zuweilen etwas rechthaberisch, aber keineswegs unverschämt. Und seine Tränen, die ein Sachverständiger als ›Rinnsal in einem Eisgletscher‹ bezeichnete, wirken deshalb nicht unecht, weil er versucht, so unauffällig wie möglich hinter der vorgehaltenen Hand oder der schützenden Barriere der Anklagebank zu weinen.« Boost baute für seine Frau und seine Kinder selbst ein Häuschen, er sei ein fleißiger Arbeiter gewesen. »Ist das wirklich alles raffinierte Tarnung?« Könne man dieses auch in der Erregung nicht grausam wirkende Gesicht mit der »grausamen Perversität« der fünf Morde auf einen Nenner bringen? Sei die Kaltblütigkeit, mit der der Angeklagte alle Kapitalverbrechen leugne, nicht vielleicht doch Ausdruck der Gewissheit, es nicht gewesen zu sein? Oder trage Werner Boost »in jeder Sekunde eine Maske, ist er der meisterhafteste Schauspieler, der je vor Gericht stand?« (12. Dezember).

»Sphinxhaft« fand der Berliner »Tagesspiegel« das Charakterbild des Angeklagten Boost (1. November 1959), und gar mehr als nur ein wenig Respekt liest man aus dem Artikel der Frankfurter »Abendpost« (16. November). Der Reporter schien geradezu stolz zu sein auf seinen deutschen Mitbürger Boost, dessen technisches Können und Leistungswille die Siegermächte beschämen müsse – er sah in Boost offenbar die Verkörperung des »Wir sind wieder wer«. Ein Zuhörer im Düsseldorfer Gerichtssaal habe kopfschüttelnd gemeint, Boost sei der größte Gangster, den die Bundesrepublik aufzuweisen habe. Aber man müsse doch anerkennen: Der angeblich »größte Gangster« sei ein Selfmademan. Er habe nur die Volksschule besucht. »Unglaubliche Intelligenz, einmalige Willenskraft, verblüffendes Gedächtnis, beachtliche Handfertigkeit, sein technisches Interesse brachten ihn so weit, eine Maschinenpistole in Handarbeit zusammenzubauen, und die Sachverständigen gaben zu, sie sei schöner gearbeitet als das fabrikneue Musterexemplar der englischen Streitkräfte, dem sie nachgebaut wurde. Aus Büchern, die er auslieh, lernte Boost Chemie, braute Giftgase, kristallierte Zyankali. Dieser Werner Boost war waffenbesessen und übte das Schießen so lange, bis er aus dem Hüftanschlag aus 20 Metern Entfernung eine aufgehängte, schwebende Konservendose treffen konnte – eine Leistung, wie sie in den Jahren des Goldrausches im amerikanischen Westen einmalig gewesen wäre. [...]«

Ein schwieriger Prozess und ein problematischer Kronzeuge

Das Auftreten Boosts vor Gericht hatte die Presse in ihrem Vorurteil schwanken gemacht – die beherrschte Ruhe des intelligenten Angeklagten auf der einen, sein einziger, durchweg als menschlich verständlich dargestellter Ausbruch nach der belastenden Aussage seiner Frau auf der anderen Seite, ließen zumindest die Möglichkeit denkbar erscheinen, dass er nicht der brutale »Feind der Gesellschaft« war, zu dem ihn die Polizei gestempelt hatte. Dieses Schwanken war auch für die weitere Prozess-Berichterstattung kennzeichnend; an ihm lässt sich nachvollziehen, wie schwierig dieser Prozess war. Das lag zum einen daran, dass Boost nicht nur kategorisch die Beteiligung an den Morden leugnete; zum anderen bestritt er auch bei jedem Indiz eine Verbindung. Als Beispiel sei hier die Tatwaffe im Fall Servé angeführt: Die Pistole war eindeutig die Mordwaffe. Und sie hatte sich auch eindeutig im Besitz Boosts befunden. Allerdings nicht zum Zeitpunkt der Tat, sagte er. Und die Verteidigung konnte sogar einen Zeugen benennen, der Boost in seiner Aussage unterstützte, indem er angab, Lorbach habe die Waffe zu dieser Zeit gehabt. Die Presse schätzte den Zeugen durchweg als glaubwürdig ein. Allerdings hatte die Staatsanwaltschaft gleich drei Zeugen aufgeboten, die das Gegenteil behaupteten.

Dass die Tat vor nahezu sieben Jahren verübt worden war, machte die Wahrheitsfindung nicht leichter. Eher zwiespältig nahm die Presse auch den Fundort der Waffe auf, ein Versteck in einem Gebüsch auf einem Grundstück, auf dem Boost früher mit seiner Familie in einem Behelfsheim gewohnt hatte, aufgespürt von Bekannten Boosts, die dort, wie auch alle wussten, immer wieder nach Brauchbarem suchten. Dass der superintelligente Meisterverbrecher eine Tatwaffe, ohne sie zu vergraben, auf seinem Grundstück verbergen würde, an einem Platz, den er selbst manchmal mit seinen Bekannten durchstöbert hatte, ließ manchen Journalisten zweifeln.

Es gab noch eine Reihe weiterer Indizien gegen Boost, die ebenfalls dubios waren und die Skepsis der Berichterstatter nährten – wobei man allerdings festhalten muss, dass die überwiegende Anzahl von Indizien eindeutig auf Boost hinwies und dessen Ausflüchte, er habe beispielsweise ein gestohlenes Motorrad oder Schmuck aus einem Einbruch gefunden und folglich nichts mit den Verbrechen zu tun, reichlich hanebüchen wirken. Eine geschlossene Beweiskette, wie sie in einem reinen Indizienprozess notwendig ist, ergab sich aber auf keinen Fall. Deshalb hing die Verurteilung allein an der Aussage des Franz Lorbach. Und der war, so schrieb die »Welt«, kein glänzender Kronzeuge. »Man weiß nicht, ob er primitiv, krank oder verschlagen ist. Die Gesundheit des 29-jährigen Arbeiters scheint angegriffen zu sein. Es heißt, dass er stark tablettensüchtig war. Das will man ihm in der Untersuchungshaft abgewöhnen, aber es bekommt ihm wohl nicht.« (5. November). Lorbach erzählte die »tollsten Gruselgeschichten« (»Hamburger Abendblatt«, 5. November) über die verbrecherischen Pläne Boosts, über Tötungsexperimente mit Tieren und Drogen, die ihm eingeflößt worden seien, vermied es strikt, sich selbst zu belasten, und war bestrebt, sich als stets dem teuflischen Einfluss seines Mitangeklagten unterworfen hinzustellen. Das war die Strategie seines Verteidigers, der im Plädoyer, »mit gewaltigem Stimmaufwand und mit großen Gesten« (so das »Hamburger Abendblatt« am 12. Dezember) in den Saal rief: »Damals war Lorbach ganze 21 Jahre alt, ein schlichter Naturbursche, der sich durch die Freundschaft des dämonischen, hochintelligenten Boost geehrt fühlte und von der Tat wie von einem furchtbaren Naturereignis überrascht wurde!«

Die Glaubwürdigkeit des Hauptbelastungszeugen wurde

allerdings gehörig dadurch unterminiert, dass die Polizei Lorbach für seine Aussagebereitschaft mit ausnehmend freundlicher Behandlung belohnt hatte. Er kam nicht ins Untersuchungsgefängnis, sondern verblieb in Polizeigewahrsam, wo er einen eigenen Betreuer hatte. Er durfte (unter Bewachung) mehrfach das Gefängnis verlassen, etwa zu Beerdigungen von Familienmitgliedern. Bei Tatortbesichtigungen kehrten die Kriminalbeamten schon mal mit ihm in Kneipen ein, einmal besuchte er mit seinem Betreuer sogar ein Kino. Lorbach revanchierte sich nicht nur mit steter Aussagewilligkeit: Von einem auswärtigen Termin brachte er dem Chef der Düsseldorfer Kripo sogar selbst gepflückte Weidenkätzchen mit. Diese bevorzugte Behandlung stieß bei allen Zeitungen auf Unverständnis. Selbst die »Bild-Zeitung«, die bisher am hartnäckigsten an ihrem Urteil gegenüber Boost festgehalten hatte, meldete jetzt Zweifel an. Lorbachs Leben in Polizeigewahrsam war ihr eine Titelstory wert, und weiter hinten hieß es: »In den Liebespaarmordfällen gibt es keine Zeugen. Nur Indizien. Diese stehen aber bisher auf schwachen Füßen. Franz Lorbach, angeklagt wegen Beihilfe im Mordfall Servé und zugleich durch seine Geständnisfreudigkeit Hauptbelastungszeuge gegen Boost, wird von der Boost-Verteidigung immer härter angegriffen.« (8. Dezember). Die Fachgutachter aber bezeichneten Lorbachs Geständnis als im Kern glaubhaft, in »Randeinzelheiten«, vor allem, was seine angebliche Willenlosigkeit anging, jedoch erlogen. Staatsanwaltschaft und Polizei müssen ob dieser Aussage sehr erleichtert gewesen sein.

Das Urteil

Nach sechs Wochen Prozessdauer, nachdem über 150 Zeugen und mehr als ein Dutzend Sachverständige gehört worden waren, hielten am 9. Dezember die Staatsanwälte ihr Plädoyer. Dreimal lebenslänglich forderten sie für Boost – selbst die Staatsanwälte hielten seine Täterschaft im Fall Behre/Kürmann nicht für nachgewiesen. 4 1/2 Jahre sollte Lorbach ins Gefängnis. Das war fürwahr ein »aufsehenerregend sanfter« Strafantrag, wie die Autoren Paul Noack und Bernd Neumann in ihrem Buch über die interessantesten Prozesse der bundesrepublikanischen Geschichte urteilen.[12]

Hundertprozentig sicher über die Schuld Boosts war sich die Presse auch nach dem Plädoyer der Staatsanwälte nicht: »In über dreijähriger Arbeit fügten sie [die Staatsanwälte] dieses Gebäude schrecklicher Anschuldigungen zusammen. Auch die über 27 Überraschungszeugen, mit denen Boosts Verteidiger in letzter Minute aufwarteten, konnten es nicht zum Einsturz bringen. Allerdings gelang es, einige Zweifel auch bei denen wachwerden zu lassen, die bereits mit einem Vor-Urteil (im Wortsinne) in den Prozess gingen. Jeder von diesen Zeugen meint: ›Mit dem Bild, das wir von Herrn Boost haben, lässt sich dieser Prozess einfach nicht vereinbaren!‹ Einige fragen: ›Hatte er zwei Gesichter?‹ Gewiss, Leumundszeugen hat es bisher fast immer für jeden Mörder gegeben. Mancher Verbrecher tarnte die bestialischen Pläne hinter einer konventionell-bürgerlichen Fassade.« (»Hamburger Abendblatt«, 9. Dezember).

Am folgenden Tag beschworen die Verteidiger Boosts das Gericht, sich nicht zu Exekutoren des Volkswillens zu machen, der den Kopf Boosts fordere, sondern ein faires Urteil zu finden. Das allerdings, so einer der Anwälte, sei schwierig: »Es scheint der Verteidigung allerdings fast unmöglich, dass dieser Mordprozess noch unvoreingenommen verhandelt werden kann, da die Presse seit nunmehr drei Jahren den Angeklagten Boost als den ›Liebespaarmörder‹ bezeichnet. Der frühere Verteidiger Boosts ... hat die Staatsanwaltschaft gebeten, Meldungen dieser Art vor Beendigung der Verhandlungen zu unterbinden, doch ist diesem Ersuchen leider kein Erfolg beschieden gewesen. Ich kann mir heute nicht mehr vorstellen, dass das Gericht unbeeindruckt von diesen Dingen ist.«[13] Außerdem wies die Verteidigung auf die zweifelhaften Indizien und vor allem den ihrer Auffassung nach fragwürdigen Lorbach hin, den »bösen Geist« des Prozesses: »Lorbachs Aussage darf nicht zur Grundlage einer Verurteilung gemacht werden. Dieser Mann, der durch seine theatralischen Selbstmordversuche Reue vortäuschte, eine Morphiumsucht simulierte, sich selbst als willenloses, daher schuldloses Werkzeug gewertet sehen will, ist alles andere als glaubwürdig.« Ferner verwies sie auf einen ganz ähnlichen Mordfall an einem Liebespaar im parkenden Auto in Opladen im Februar 1958, zu einem Zeitpunkt also, als Boost schon in Untersuchungshaft saß.

Nicht um einen Millimeter hatten sich die beiden Angeklagten von ihrer ursprünglichen Haltung entfernt; konsequenterweise lauteten dann auch die Schlussworte Lorbachs: »Ich habe die reine Wahrheit gesagt und nichts übertrieben. Ich bitte um Verständnis und ein mildes Urteil.« Und Boost sagte: »Ich habe nie in meinem Leben irgendeinem Menschen ein Leid getan, weder in meiner Jugend noch später. Ich habe wohl Verstöße gegen die Eigentumsgesetze begangen. Doch ich war in Not, deshalb hat man mir mildernde Umstände gewährt.«

Entgegen der Vermutungen der Verteidigung fällte das Gericht ein abgewogenes Urteil. Das entsprach dem ganzen Prozessverlauf; denn der Vorsitzende Dr. Näke hatte sich stets um ein faires Verfahren bemüht. Es hatte wohl eine öffentliche Vorverurteilung des Angeklagten gegeben, unter gehöriger Mithilfe der Polizei, die am Ende nur knapp einer Blamage entging. Dabei waren auch wieder traditionelle Klischees der Verbrecherdarstellung verwendet worden, insbesondere das des eiskalten kriminellen »Superhirns«. Während des Prozesses jedoch berichteten die meisten Presseorgane differenziert, nannten be- wie entlastende Indizien, hinterfragten die Glaubwürdigkeit von Belastungszeugen und äußerten auch ganz offen Zweifel. Das änderte sich beim nächsten Fall dieser Darstellung: Der nun zu erörternde »Jahrhundertfall« des Knabenmörders Jürgen Bartsch sah eine Pressekampagne ohnegleichen, in der jegliches Differenzierungsvermögen verloren ging.

Wer ist schuld, wenn ein Mörder mordet? Gespaltene Wahrnehmung in einer gespaltenen Republik

Der Fall Jürgen Bartsch ist gleich in mehrfacher Hinsicht von besonderem Interesse, denn er hebt sich in wesentlichen Elementen von anderen Fällen ab. Die Aufdeckung dieser Mordserie fiel in eine Zeit des grundsätzlichen Wandels gesellschaftlicher Wahrnehmungen, der sich deutlich auch im Vorgehen der Justiz- und Presseorgane abzeichnete: So gab es zwei Prozesse (1967 und 1971), die einen völlig unterschiedlichen Verlauf nahmen und schließlich auch in ganz verschiedenen Urteilen mündeten. Und ebenso wie die juristischen, prallten auch zwei fundamental divergierende Deutungen des Täters in den Medien aufeinander: Auf der einen Seite stand die traditionelle Interpretation, die den Mörder als für seine Taten allein verantwortliche Bestie sehen wollte und kaum verhüllt dessen Eliminierung im Namen eines gesunden Volksempfindens forderte. Auf der anderen Seite gewann eine reformistische Auffassung an Boden, die nach den Ursachen für die psychische Deformation des Mörders in seiner Sozialisation suchte, die Gesellschaft aufgrund ihrer repressiven Erziehungsmaßnahmen zur Mitschuldigen erklärte und Heilung statt Ausgrenzung als den richtigen Weg ansah. Solche sozialkritischen Ansätze der Verbrechensinterpretation hatte es im Deutschland der 1920er Jahre schon einmal gegeben, dann waren sie jedoch gut 30 Jahre lang verdrängt und verschüttet worden – u. a. auch deshalb, weil einige ihrer Vertreter vor den Nazis hatten fliehen müssen oder sich nicht mehr hatten äußern dürfen und in Vergessenheit geraten waren. Wie im Bereich der Kunst lässt sich auch hier beobachten, dass der Nationalsozialismus viele moderne Ansätze und Ideen gnadenlos auslöschte, bis sie von einer jüngeren Generation (wieder) entdeckt wurden. Und schließlich gelang es einem aufklärerischen Journalismus, die Psyche des Täters sehr viel tiefer auszuleuchten, als dies in einem anderen Fall der deutschen Rechtsgeschichte geschehen ist. Zwar gab es immer wieder Versuche – auch zur Prävention zukünftiger Mordfälle dieser Art –, die Tatmotive zu enthüllen, die Unfähigkeit der meisten Serienmörder, über ihr Tun offen und glaubhaft Zeugnis abzulegen, ließ deren Wesen aber meist als ein bösartiges Nichts erscheinen. Bartsch bemühte sich jedoch um Selbsterkenntnis; und seine Geständnisse wurden aufgezeichnet und publiziert.

»The Times They Are A-Changing«: Die bundesrepublikanische Gesellschaft und 1968

Einiges spricht dafür, die späten 1960er und frühen 1970er Jahre als einen Zeitabschnitt der Metamorphose der bundesdeutschen Gesellschaft anzusehen – es ist sogar von einer »Umgründung der Republik«[14] die Rede. Die APO (= Außerparlamentarische Opposition) war dabei nur das auffälligste, weil lauteste, Oberflächenphänomen einer tief gehenden Verwandlung in vielen Bereichen. Bislang unangefochtene Grundsätze der sozialen Organisation wurden öffentlich in Frage gestellt, diskutiert und nicht selten verworfen. Die juristische Aufarbeitung des Falles Bartsch umspannte diese Epoche der Veränderung und spiegelte sie dabei wider: Zum Zeitpunkt des ersten Prozesses 1967 hatten sich die Reformansprüche zwar bereits geäußert, aber es war nur eine Minderheit, die sich mit diesen Forderungen identifizieren konnte. Vier Jahre später hingegen, anlässlich des zweiten Prozesses, konnten die gesellschaftlichen Veränderungen von niemandem mehr unbeachtet bleiben.

Bob Dylans Lied »The Times They Are A-Changing« (1964) wurde zur Hymne der reformfreudigen Jugend der späten 60er Jahre. Dort heißt es, Eltern sollten nicht kritisieren, was sie nicht begreifen; die Kinder stünden nicht mehr unter ihrem Kommando. Ihre abgenutzten Wege alterten rasch; sie sollten den neuen Weg freimachen.[15] Und wie viel mehr Gründe als die amerikanische glaubte die deutsche Jugend zu haben, sich von der Generation ihrer Eltern loszusagen. Waren nicht ihre Eltern verantwortlich für die deutschen Verbrechen der NS-Zeit? Der Historiker Thomas Ellwein schreibt: »Von der Jugend ging der Protest gegen das Verhalten der Väter-Generation aus, die im Dritten Reich tatenlos zugesehen und nach 1945 ihre Mitschuld verdrängt hatte.«[16] Mit von Dünkelhaftigkeit nicht freier moralischer Rigorosität forderten die Jüngeren dementsprechend ihre »neuen Wege« ein. Für die Trägergeneration dieser Auseinandersetzung bürgerte sich der Begriff »68er« ein. Es darf allerdings nicht vergessen werden, dass die mit diesem Begriff verbundenen gesellschaftlichen Reformforderungen und der Wertewandel zumindest seit 1965 wirksam waren und sich bis in die frühen 1970er Jahre hineinzogen.

Den 68ern ging es um eine umfassende Demokratisierung. Anknüpfend an die »Kritische Theorie« der »Frankfurter Schule« (um die Philosophen und Soziologen Max Horkheimer, Herbert Marcuse, Theodor W. Adorno und Jürgen Habermas) wurden deshalb die geistigen Grundlagen der bundesrepublikanischen Gesellschaft in Frage gestellt: Die geschäftige Kultur der Wirtschaftswunderzeit, die über ihre Fixierung auf eine immer währende ökonomische Prosperität ihre Vergangenheit verdrängte; das starre Festhalten an traditionellen, autoritären Wertvorstellungen wie Ordnungsliebe und Fleiß; das Weiterbestehen überkommener Grundsätze repressiver Erziehung – mit dem Familienvater als Herrn im Hause und dem Glauben an die Heilkraft der Prügelstrafe. Aber auch die gesellschaftliche Einstellung zur Sexualität stand in der Kritik. Sie wurde als spießig verworfen. Die deutlich zunehmende Verbreitung der Antibabypille bereitete den Boden für das, was als »sexuelle Revolution« bezeichnet und von konservativen Moralwächtern als »Sex-Welle« gescholten und beklagt wurde.

Auch die Politik reflektierte den reformistischen Zeitgeist. »Wir wollen mehr Demokratie wagen.« Mit diesem Slogan, vorgetragen von Bundeskanzler Willy Brandt in seiner Regierungserklärung, trat 1969 zum ersten Mal in der Geschichte der Bundesrepublik Deutschland eine SPD-geführte Bundesregierung an. »Mehr Demokratie wagen«, das hieß: Demokratisierung der verkrusteten politischen Strukturen der Adenauer-Ära, zu deren Auflösung anscheinend auch die folgende Regierung unter Erhard und nicht einmal die Große Koalition Kiesingers, in der Brandts SPD ja schon mitgetan hatte, Entscheidendes hatten beitragen können. Rückblickend fallen freilich deutliche Kontinuitätslinien auf, die das sozialliberale Kabinett mit seinen Vorgängern verband: Nicht nur in personeller Hinsicht, sondern auch daran erkennbar, dass viele Pläne, an deren Verwirklichung die Brandt-Regierung ging, schon zu Zeiten der Großen Koalition geschmiedet worden waren, zumal in der Finanzpolitik. Die Zeitgenossen nahmen jedoch sehr viel mehr den Bruch mit der Vergangenheit wahr.

Der Wille zur Reform und Demokratisierung meinte zuerst die Innenpolitik. Besonders folgenreich waren aber auch die Veränderungen in der Außenpolitik. Hier schlug Brandt mit der Ostpolitik einen neuen Weg gegenüber der DDR und den anderen Ländern des kommunistischen Blocks ein, der von den Konservativen massiv bekämpft wurde. Das trug zu einer Vergiftung des politischen Klimas der Bundesrepublik bei, bei der nicht zuletzt die Springer-Presse eine unrühmliche Rolle spielte.

In der Auseinandersetzung mit der Springer-Presse radikalisierte sich auch die 68er-Bewegung. Vor allem die Berliner Blätter des Konzerns hetzten gegen APO und Studentenbewegung sowie gegen die Anti-Schah-Demonstrationen im Sommer 1967. Am 2. Juni 1967 erschoss ein Polizist den harmlosen Demonstranten Benno Ohnesorg. Die Gewaltbereiten unter den 68ern hatten damit einen Märtyrer – das Todesdatum Ohnesorgs nahm sich die terroristische »Bewegung 2. Juni« zum Namen. Die Situation in Berlin eskalierte. Auf gewalttätige Demonstrationen folgte Gegengewalt: Im April 1968 schoss ein Attentäter auf den von der »Bild« besonders heftig diffamierten Rudi Dutschke, weil er ein Kommunist gewesen sei, und verwundete ihn schwer. Über der Frage der Gewalt zerfiel schließlich auch die 68er-Bewegung. Während ein harter Kern die Gewalt des Staates als Kampfansage nahm, in den Untergrund ging und sich dem Terror verschwor, machte sich die große Mehrheit auf den Marsch durch die Institutionen, bis sie selber zum Bestandteil des ehedem so verhassten »Establishments« wurde.

Die Wirkungen, die die 68er/die APO erzielten, sind in der Forschung umstritten.[17] Zweifellos wurde die 68er-Bewegung bei der Veränderung gesellschaftlicher Werte nachhaltig wirksam. Der Mitbegründer der »Tageszeitung« (taz), Michael Sontheimer, formulierte das 20 Jahre danach so: »Die deutschen Tugenden, in deren Namen das Land zwei Weltkriege entfachte, sind tatsächlich in dem von '68 ausgehenden Wertewandel untergegangen. Das Utopia des Bundesbürgers ist nicht mehr der Arbeitsdienst, sondern der Freizeitpark.«[18] Wie man es auch immer bewerten mag, auf jeden Fall hatten sich die sozialen (pädagogischen und juristischen) Reformbewegungen, Mitte der 1960er Jahre noch von wenigen getragen und formuliert, Anfang der 1970er Jahre zu in weiten Teilen der Gesellschaft verankerten Tendenzen ausgewachsen, denen sich schließlich auch die Massenmedien nicht mehr verschließen konnten.

Der »Kirmes-Mörder« Jürgen Bartsch

Am Sonnabend, dem 18. Juni 1966, sprach ein Unbekannter den 14-jährigen Peter Frese in Wuppertal auf der Straße an. Er bot ihm an, sich etwas Geld zu verdienen. In einem Versteck sei eine Tasche mit Diamanten, für deren Transport er einen Helfer brauche. Der Junge wurde mit dieser fantastischen Story in einen aufgelassenen Luftschutzstollen gelockt. Dort zwang ihn der Mann mit Schlägen und Fußtritten dazu, sich zu entkleiden. Er missbrauchte ihn, fesselte ihn an Händen und Füßen und drohte, er werde ihn töten. Er schlug den Jungen bewusstlos. Danach verließ er die Höhle. Frese konnte sich jedoch mit Hilfe einer brennenden Kerze von den Fesseln befreien und entkam. Daraufhin untersuchten zunächst die örtliche Polizei, dann die mit dem Verschwinden zweier Jungen befassten Sonderkommissionen und die Düsseldorfer Mordkommission den Bunker. In dem alten Stollen fand man die teilweise stark verwesten Überreste von vier Kinderleichen. Es waren der zum Zeitpunkt seines Todes achtjährige Klaus Jung sowie Rudolf Fuchs (13), Ulrich Kahlweiß (12) und Manfred Graßmann (11).

Die Suche nach dem Mörder begann. Nach der Veröffentlichung des Leichenfundortes in der Presse meldete sich ein Vater, dessen Sohn vier Jahre zuvor von dem in der Nähe wohnenden Metzgergesellen Jürgen Bartsch in die Höhle gelockt worden war, dann jedoch hatte entfliehen können. Die weiteren Ermittlungen ergaben, dass Bartsch in der Nachbarschaft offenbar als notorischer Belästiger von Kindern bekannt war. Am 21. Juni wurde Jürgen Bartsch daraufhin verhaftet. Peter Frese konnte ihn eindeutig identifizieren. Obwohl die Polizei bereits seit dem ersten mit Bartsch in Zusammenhang stehenden Verschwinden eines Kindes mit großer Beteiligung der Bevölkerung intensiv gefahndet hatte und Bartsch mehrfach auffällig geworden und seiner Umgebung seine sexuelle Abnormität bekannt war (seinen ersten Mord hatte er gar gebeichtet, ohne dass dies Folgen gehabt hätte), konnte sie ihn erst dingfest machen, als das fünfte Opfer die Attacke überlebte.

Seit er am 31. März 1962 sein erstes Opfer gefunden hatte, blieb das Vorgehen Bartschs stets gleich. Er sprach einen Jungen an, dessen Vertrauen er durch eine abenteuerliche Geschichte – etwa indem er sich als Detektiv ausgab – zu gewinnen suchte. Er lockte den Jungen in seinen geheimen Unterschlupf, schlug ihn nieder, fesselte und tötete ihn und schändete den leblosen Körper. Das zweite und dritte Opfer verstümmelte Bartsch nach deren Tod. Bei seiner vierten und letzten Mordtat eskalierte das Geschehen, indem Bartsch zum ersten Mal seinen Fantasien freien Lauf ließ und den Jungen bei lebendigem Leib aufschlitzte.

Jürgen Bartsch wurde 1946 unehelich in Essen geboren. Kurz nach der Geburt starb seine Mutter an Tuberkulose; dem Vater wurde das Sorgerecht verweigert. Das Metzger-Ehepaar Gertrud und Gerhard Bartsch adoptierte den zehn Monate alten Säugling, der bis dahin unter der Obhut der Krankenschwestern im Klinikum aufgewachsen war. Bartschs Adoptivmutter war eine neurotische Sauberkeitsfanatikerin. Sie versuchte, den Jungen mit unbarmherziger Strenge zur

Reinlichkeit zu drillen. Er durfte sich als Kind nicht schmutzig machen, nicht mit anderen Kindern spielen und wurde noch als 19-Jähriger von seiner Adoptivmutter in der Badewanne gewaschen. Genauso wenig setzte der Adoptivvater dem äußerst strengen Regiment seiner Frau so etwas wie Geborgenheit entgegen. Jürgen Bartsch war isoliert und fand auch in der Schule keine Freunde. Er blieb ein gehänselter Außenseiter.

Mit zehn Jahren schickten ihn die Eltern in ein Heim. Zum ersten Mal in seinem Leben konnte er sich in Grenzen ausleben und schien sich wohl zu fühlen. Nachdem Bartsch aus Altersgründen das Heim hatte verlassen müssen, gaben ihn die Eltern in ein katholisches Internat, das für seine strenge Zucht bekannt war. Besonders drakonisch ahndete man Onanie und homosexuelle Kontakte unter den Zöglingen. Mehrfach versuchte Bartsch dem sadistischen Regiment der Patres zu entkommen, bis seine Eltern schließlich ein Einsehen hatten und ihn auf eine örtliche Schule schickten. 1961 kam Bartsch bei seinem Vater in die Metzgerlehre. Im selben Jahr ereignete sich der erste Zwischenfall, bei dem er ein Kind mit Gewalt zu sexuellen Spielen zwang. Die Anzeige wurde jedoch nach Androhung einer Verleumdungsklage zurückgezogen (der Vater des Jungen war übrigens der gleiche, der fünf Jahre später den entscheidenden Hinweis auf Bartsch gab). Neun Monate später beging Jürgen Bartsch seinen ersten Mord.

Der Prozess gegen Bartsch vor der Jugendgerichtskammer Wuppertal endete am 15. Dezember 1967 mit einer lebenslänglichen Zuchthausstrafe. Nach nur neun Verhandlungstagen hatte sich das Gericht davon überzeugt, dass Bartsch ein »sadistischer Intelligenzverbrecher« gewesen sei, der – wie es ein Gutachten darstellte – einen »Gesamtplan« verfolgt habe. Dementsprechend wurde der Angeklagte für voll schuldfähig erklärt und für alle Taten nach dem Erwachsenenstrafrecht verurteilt, obwohl er zum Zeitpunkt des ersten Mordes gerade 15 Jahre alt gewesen war. Die Adoptiveltern verkauften die Exklusivrechte an Bartschs Fall an die »Bild am Sonntag«. Damit verschafften sie sich die finanziellen Möglichkeiten, den Anwalt Rolf Bossi anzuheuern und die Wiederaufnahme des Prozesses anzugehen. Im November 1969 hob der Bundesgerichtshof das erste Urteil mit der Begründung auf, es hätte auch ein Sexualwissenschaftler als Gutachter gehört werden müssen. Die Jugendkammer des Landgerichts Düsseldorf, an die der Fall verwiesen wurde, verhandelte ihn im März und April 1971 auf ganz andere Weise als zuvor die Wuppertaler Kammer. Diesmal versuchten die Richter, die Ursachen des abartigen Sexualtriebes zu eruieren. Detailliert untersuchte man Kindheit und Jugend des Angeklagten. Den Faktoren, die eine Rolle dabei spielten, Bartsch aus der Normalität zu zwingen – wie etwa die extreme Erziehung, die ihm Adoptiveltern und Klosterschule hatten angedeihen lassen –, maß das Gericht erhebliches Gewicht bei. Das Urteil nach dem Jugendstrafrecht lautete folglich auf zehn Jahre Gefängnis mit anschließender Verwahrung in einer Heilanstalt. Dem lag die Auffassung zugrunde, dass Bartsch Getriebener einer »schweren seelischen Abartigkeit« gewesen sei, die zu einer verminderten Schuldfähigkeit geführt habe. 1972 – nach Verbüßung von zwei Dritteln der Haftstrafe – wurde Jürgen Bartsch in die Psychiatrie des Landeskrankenhauses Eickelborn überwiesen. Dort starb er 1976 an den Folgen eines Narkosezwischenfalls, als man ihn auf seinen eigenen Antrag hin kastrieren wollte.

»Teufel in Menschengestalt«: Der Boulevard macht sich ein Bild von Bartsch

Jürgen Bartsch war ohne Zweifel ein gut oder zumindest gänzlich harmlos aussehender junger Mann. Den Kontrast zwischen den weichen Zügen des Mörders und dem Schrecken seiner Verbrechen kosteten die Medien nach der Aufdeckung der Taten im Sommer 1966 und anlässlich der Berichterstattung zum ersten Prozess 1967 weidlich aus. Auf der einen Seite schrieben sie vom »milchgesichtigen Mörder«, vom »Engelsgesicht«, dem »Musterknaben« mit zarten Händen und mit einem dicklichen Kinn, der mit schüchternen braunen Augen in die Welt schaue. Die Lippen seines »Schmollmundes« benötigten nur etwas Rouge, um zu einem Mädchen zu gehören (alles »Bild am Sonntag«). Der »Spiegel« sah in Jürgen Bartsch einen untersetzten, stets gepflegten und scheuen Menschen mit kindlichen Gesichtszügen. Gerade so sah es auch die »Bild-Zeitung«, die noch »sanfte Augen« dazu gab. Die beigefügten Fotografien des Mörders in Zeitungen und Illustrierten sagten das Gleiche aus: Niemals hätten sich die Menschen seiner Umgebung vorstellen können, dass Jürgen Bartsch nicht bloß der »treuherzige und brave«, »folgsame, wohlerzogene Junge«, der »gutgeratene Sohn«, der beliebte Hobby-Zauberer war. Zunächst einmal zeigen derartige, im Grunde in jedem Serienmörderfall vorkommende Bekundungen, dass die Idee Cesare Lombrosos, der verbrecherische Charakter müsse eigentlich der Physiognomie eines Menschen anzusehen sein, sehr tief in die Vorstellungswelt des 20. Jahrhunderts eingedrungen ist. Daneben aber leuchtet es auch ein, warum die Bekannten und Verwandten eines mehrfachen brutalen Mörders versuchen, die immer in der Luft schwebenden Vorhaltungen zurückzuweisen, sie hätten doch Anzeichen für das mörderische Treiben bemerken und den Täter frühzeitig stoppen müssen.

Die damit verbundene Mitschuld wäre wohl unerträglich. Im Fall Bartsch allerdings hatten dergleichen Vorwürfe, ohne dass man auf sein harmloses Äußeres rekurrieren musste, durchaus Hand und Fuß: Vor seinem ersten Mord war er bereits mindestens zweimal als Sexualtäter auffällig geworden. Den ersten Mord hatte er gebeichtet. Schließlich lag der Polizei eine ganze Reihe von Indizien vor, die es ihr hätten erlauben müssen, die Mordserie früher zu beenden. Diese Erkenntnis verwendeten einzelne Presseorgane dann auch, um eine Kampagne massiver Kritik an der Polizei zu lancieren. Darauf wird noch einmal zurückzukommen sein.

Auf der anderen Seite sparten die Medien nicht an Superlativen aus dem Wörterbuch des Schrecklichen, wenn sie Bartschs Taten beschrieben, denn: Hinter seinem Milchgesicht verbarg sich, so die »BamS«, die grausame Seele des brutalsten Serienmörders der deutschen Nachkriegszeit, ein »Ungeheuer« (26. Juni 1966). Für die »Bild« war er gar »schlimmer als alle anderen Massenmörder«; in der ganzen Kriminalgeschichte habe kein Mensch seine Opfer so gequält wie Bartsch. Das »Scheusal« (»Stern«) erging sich in »sadistischen Mordorgien«, es war die Rede von »teuflischen Methoden« im »Todesstollen«: »Dort starben die Kinder nach unvorstellbaren Foltern.« Wiederum trieb die »Bild-Zeitung« die Darstellung der »bestialischen Verbrechen« in ihrem vermeintlichen Realismus zum Äußersten: Alle vier Jungen, deren Ermordung Bartsch gestanden habe, hätten noch viele Stunden nach ihrer Entführung im Todesbunker dahinvegetiert, ehe der Mörder sie endgültig tötete. »Die Kinder mussten im Schein der Kerzen erleben, wie sich Jürgen Bartsch an ihrem Anblick weidete.« Ein Kripobeamter wurde zitiert: »Die Jungen müssen vor Angst irrsinnig geworden sein, bevor sie starben.« Es sei überdies wahrscheinlich, dass Bartsch noch mehr Jungen umgebracht habe (22. und 23. April).

Die Brutalität des Mörders galt damit als hinreichend erwiesen. Als müsse sie dem weichen und harmlosen Eindruck des Gesichtes Bartschs mit ganzer Kraft entgegenwirken, hob die Boulevardpresse noch die Kälte und Mitleidlosigkeit des Mörders hervor, die in seinem Verhalten vor Gericht in aller Deutlichkeit zu Tage trete. Wer nicht wisse, dass Bartsch vier Kinder umgebracht habe, müsse ihn für einen jungen Mann halten, der nur aus Versehen auf die Anklagebank gekommen sei. Anscheinend ungehemmt und ungehindert von jeder Gewissensqual spreche er nahezu im Plauderton mit seinen Richtern. Selbst die grauenhaftesten Einzelheiten seiner Verbrechen schildere Bartsch ruhig und ohne zu stocken, als berichte er von einem Spaziergang. Die Kaltblütigkeit des Angeklagten habe sogar die ihn vernehmenden Kriminalpolizisten aus der Fassung gebracht. Nach seinen Geständnissen, wie einer von ihnen in der »Bild« berichtete, »aß der Bursche in aller Ruhe eine Riesenportion Hackbraten mit Kartoffeln«. Nun waren ausreichend diabolische Attribute aufgeworfen worden, um endlich zu Recht zur ultimativen Formel der Bezeichnung des Bösen greifen zu können: Dem Düsseldorfer »Mittag« erschien Bartsch als der »Teufel in Menschengestalt«.

Die Stigmatisierung des Täters, indem man ihm Attribute eines Ungeheuers andichtete, hatte seit jeher zum Arsenal der Darstellungsformen von Serienmorden gehört. Die »Bild-Zeitung« verließ sich bei Bartsch aber nicht auf eine derartige Stigmatisierung im übertragenen Sinne. Ganz direkt nannte sie Bartsch das »unmenschliche Wrack«, einen »Gezeichneten«. Unter seinen tränennassen Augen sei die Haut aufgescheuert und blutverkrustet. Durch seine Fäuste, die er auf der Anklagebank in die brennenden Augen presse, platzten die Wunden immer wieder auf. »Diese roten Stellen stehen wie Kainsmale aus dem bleichen Gesicht des ›Kirmesmörders‹ heraus.« (9. Dezember 1967).

Die Mordlust des Schlachtergesellen. Was trieb Bartsch zu seinen Taten?

Dem »Massenmörder Bartsch« die Maske von seinem Kindergesicht zu reißen, sahen die berichtenden Medien als einen Teil ihrer Aufgabe an. Der andere Teil bestand darin, seine volle Verantwortlichkeit für die Taten zu enthüllen, damit ihn die ganze Härte des Gesetzes treffen konnte. Dieselbe Kälte und Beherrschtheit, hieß es folglich, die Bartsch vor Gericht kennzeichne, hätten auch seine Tatausführungen gezeigt. So habe er das Kerzenlicht nicht etwa aus einem »religiösen Wahn« in seine Mordaktionen einbezogen, vielmehr wollte er in aller Ausführlichkeit mit ansehen, wie seine Opfer langsam starben. Seine letzte Tat habe Bartsch unterbrochen und das Opfer in der Höhle gefesselt allein zurückgelassen – was dem Jungen dann die Möglichkeit zur Flucht eröffnete –, weil er pünktlich zum Abendessen zu Hause sein wollte. Damit schien für die »Bild-Zeitung« erwiesen, was auch die psychiatrischen Gutachter formulierten: Bartsch war ein »sadistischer Intelligenz-Verbrecher«, der aus »reiner Mordlust« handelte. Dabei agierte er aus einem jederzeit steuerbaren Trieb heraus besonnen, überlegt und systematisch. Er habe bewusst das Böse gewählt. Folglich sei er auch voll verantwortlich für seine Mordtaten.

Was aber trieb den Täter auf seinen verhängnisvollen Weg, was stachelte seine Mordlust an? Auch in dieser Frage war das Urteil des Boulevards wieder ganz sicher: »Das Töten lag in seiner Natur!«, zitierte »Bild am Sonntag« einen Verhaltensforscher (26. Juni 1966). Später führte das Blatt zwei nicht zueinander passende Analogien auf, um dieses Argument zu veranschaulichen. Einerseits gleiche das Gehirn des »Kirmes-Mörders« einem Computer, der allerdings stets die falsche Antwort gebe: »Wird von diesem Hirn Zärtlichkeit verlangt, dann hagelt es Brutalität! Auf die Frage nach den Beziehungen zu Mädchen kommt unfehlbar die Antwort: ›Nur Knaben!‹ Auf die Forderung nach Liebe reagiert es mit triebhafter Wollust.« Andererseits – nun tat der Schreiber einen gewaltigen Sprung vom Computer- zum Zeitalter des Neandertalers und stolperte dabei – gleiche Bartsch einem Urmenschen: »Er lebte 130 000 bis 70 000 v. Chr. Er zerrte seine Opfer – Tiere und Menschen – in seine Höhle. Er erwürgte sie oder erschlug sie mit Felsbrocken. Er zerlegte sie mittels scharfer Steine. Der Trieb, der ihn dazu zwang, war jedoch normal. Es war der Trieb des Hungers. Der Trieb, der den Jungen Jürgen Bartsch zu ähnlichen grausigen Handlungen trieb – und zu noch mehr –, war anders, aber ebenso stark: Er hieß nicht Hunger, sondern fehlgeleitete, übersteigerte Sexualität.« (3. Dezember 1967). Solche Atavismus-Theorien hatte die Kriminalbiologie bereits im 19. Jahrhundert vertreten, sie scheinen jedoch keinesfalls als veraltet angesehen worden zu sein.

Und noch etwas anderes habe die Mordlust angestachelt, und zwar Bartschs ebenso wie die Haarmanns und Kürtens: ihr Beruf. Das fünfte Gebot der Bibel laute: »Du sollst nicht töten.« Es sei das stärkste Tabu der menschlichen Moral. »Wurde den drei Massenmördern die Übertretung dadurch erleichtert, dass sie mit Schlachterei zu tun hatten? Nichts liegt ferner, als das Handwerk der Knochenhauer, wie sie einst genannt wurden, der Fleischer, Metzger oder Schlachter, wie sie heute heißen, in ein schlechtes Licht zu rücken. Ihre Arbeit ist so verdienstvoll wie die der anderen Handwerker. Die Kriminalstatistik aber scheint zu beweisen: Wer als bereits abartig veranlagter Mensch in seiner Kindheit beim Schlachten zugesehen hat, bei dem können Hemmungen abgebaut werden, das Töten wird ihm ›natürlicher‹ erscheinen.« (»BamS«, 26. November 1967). Den hier verwendeten sprachlichen Trick benutzen Journalisten immer wieder, wenn sie über

Verbrechen berichten: Einerseits malen sie ihr Argument aus – hier, indem sie möglichst brutale Synonyme für »Schlachter« aneinanderreihen und damit ganz bewusst die Assoziation erwecken, im Schlachterberuf den Grund für Bartschs Mordlust gefunden zu haben; andererseits distanzieren sie sich von ihren Worten (»Nichts liegt ferner«, »verdienstvolle Arbeit«). Das beim Leser erzeugte Bild tilgen sie damit jedoch in keiner Weise. Im Gegenteil. Es bleibt wie gewünscht haften. Kein Bericht über Bartsch aus den Jahren 1966 und 1967 vergaß, das Fleischergewerbe des Mörders zu erwähnen, bisweilen in eigenartigen Kombinationen. Im »Spiegel« wurde er als »spendierfreudiger« und »zaubernder« Fleischergeselle« charaktersisiert. Mit ihrer Spekulation über den Zusammenhang des Tiere- mit dem Menschentöten brachten die Zeitungen freilich einen ganzen Berufsstand zur Verzweiflung. Der Obermeister der Metzgerinnung in Essen klagte: »Jeder sieht jetzt in uns Männer mit blutbefleckten Schürzen, mit bluttriefenden Hackebeilen. Mein Gott, da wird man ja verrückt.« (»Bild«, 22. Juni 1966).

Nicht umsonst hatte sich die Presse bemüht, Bartsch als Scheusal zu zeichnen, und die erhoffte Reaktion stellte sich auch sogleich ein. Eine Welle des Volkszorns brach los und überschwemmte die Redaktionen mit Leserbriefen – täglich bis zu 100 sollen es gewesen sein, hieß es bei der »Bild-Zeitung«. Die Zeitungen ließen diesen Äußerungen viel Raum, konnten sie damit doch auch extreme Meinungen ins Blatt bringen, ohne dass die Redakteure sie verantworten mussten. Am Montag, dem 27. Juni 1966, konnte man auf der letzten Seite der »Bild« folgende Zuschriften lesen: Etliche Leser sprachen sich für die Todesstrafe aus oder forderten, keine Gnade walten zu lassen: »Wir Bundesbürger sind nicht gewillt, auch nur einen Tag Haft für dieses Untier zu bezahlen.« Lynchen solle man den Mörder: »Die Justiz müsste im

Falle Bartsch eine Ausnahme machen und den Kerl der Bevölkerung übergeben.« Und dann? Zumindest müsse er entmannt werden. Manche wollten noch weiter gehen: »Der Kirmesmörder müsste gefesselt an Händen und Füßen in den Todesstollen den Ratten zum Fraß vorgeworfen werden, bei Kerzenschein.« Hier zeigt sich die weite Verbreitung sadistischer Gewaltfantasien, die nicht nur bei Serienmördern vorkommen, sondern wohl in vielen Menschen schlummern, bei den meisten jedoch nur in einem erlaubten Umfeld – wie einem Leserbrief – zu Tage treten. Es ist übrigens durchaus möglich, dass die weit verbreiteten Rufe der Straße nach »Aufhängen« oder »Totschlagen« das Gericht beinflussten, das härtest mögliche Urteil zu sprechen.[19] Auch die Spekulationen über die Ursachen der Morde trugen Früchte: »Jürgen ist nicht alleine schuld. Er hat als Fleischersohn zu früh beim Schlachten zugesehen.« Und außerdem: »Warum werden die Brutstätten der Homosexualität, die Internate, nicht besser beaufsichtigt?«

In vielen Leserbriefen äußerte sich auch Kritik an der Polizei, die den Mörder schon frühzeitig hätte dingfest machen müssen. Solche Vorwürfe finden sich in nahezu allen Medien. Die »Bild-Zeitung« allerdings entwickelte schon am Tag nach der Verhaftung eine regelrechte Kampagne.

Die Berichterstattung über den Fall Bartsch ist in vielerlei Hinsicht ein Lehrstück über die Techniken des Boulevardjournalismus, den die »Bild« zu wahrer Meisterschaft entwickelt hatte. Die Polizei-Kritik ist ein Beispiel dieser Virtuosität und wird deshalb im Folgenden auch ein wenig ausführlicher behandelt. Die Ausgabe der »Bild« vom 22. Juni 1966 beschäftigte sich umfassend mit dem tags zuvor Verhafteten. Über einem Drittel der Titelseite prangte ein Foto Bartschs, mit der Balkenüberschrift: »Ich tötete 4 Kinder«. Fett und groß gedruckt waren auch die Sätze: »Schlachtergeselle im

Badezimmer der Eltern verhaftet/Bindfäden, Messer und Drahtschlingen im Todesbunker/Nachbarn wollten den Amateurzauberer lynchen/Mit 15 Jahren folterte er das erste Kind zu Tode/Ließ er seine Opfer verhungern?« Die Unterschrift des Porträts lautete: »Das ist er – der 20-jährige Rummelplatzmörder. Der Mann, der vier Kinder grausam misshandelte und tötete. Der Mann, der mit 15 Jahren seinen ersten Mord beging: Schlachter Jürgen Bartsch.« Es war also kein Missverständnis mehr möglich: Bartsch war ein unvorstellbar grausamer Mörder. Auch Seite 17 der Zeitung war zu drei Vierteln gefüllt mit Berichten über den Fall, einschließlich zweier großer Fotos von Opfermüttern. Dazu hieß es: »Der Schmerz hat tiefe Falten in ihr Gesicht gezeichnet«; überdies sei ein Vater zusammengebrochen und könne nicht mehr zur Arbeit gehen. Damit hatte das Blatt erreicht, dass der Leser den Täter als Bestie sah und sich gleichzeitig mit den Leidtragenden seiner Taten identifizierte. In diesem Umfeld stellte »Bild« nun dar, was der Polizeipräsident zum Fall zu sagen hatte: »Offenbar hat der Massenmörder den Polizeipräsidenten gerührt! Der Polizeichef: ›Bartsch ist ein ganz armer Junge. Er scheint zu bereuen, was er getan hat. Als ich ins Zimmer trat, stand Jürgen auf. Er nahm Haltung an, kam auf mich zu und gab mir die Hand. Als ich wieder ging, stand Jürgen wieder auf. Schüchtern, mit gesenktem Kopf. Seine Hände waren feucht vor Angst.‹« Die Konfrontation der grausamen Verbrechen und der Unbarmherzigkeit des Mörders mit der »Rührung« des Polizisten musste zum einen dessen Worte als geradezu ungeheuerlich gefühllos gegenüber den verzweifelten Eltern der Getöteten erscheinen lassen. Zum anderen aber bereitete dieses Vorgehen das Terrain für die harte Kritik an der Ermittlungsarbeit von Staatsanwaltschaft und Polizei, die in der »Bild« über Wochen Platz fand.

»Als Mörder kommen die wenigsten auf die Welt: Zum Mörder werden die meisten, die morden.« Proteste liberaler Medien gegen das Urteil

Alles andere als zufrieden mit dem Urteil des ersten Prozesses vom 15. Dezember 1967 – das er als Bankrotterklärung bezeichnete – und vor allem mit dessen Implikationen bezüglich der Verantwortlichkeit Bartschs für seine Taten, war der Gerichtsreporter des »Spiegel«, Gerhard Mauz. Er nahm es zum Anlass, für eine grundsätzliche Neubesinnung über den Umgang mit Triebtätern zu streiten. Mauz stellte als Erstes in Abrede, dass es für Täter in der Art eines Jürgen Bartsch überhaupt angemessene Unterbringungsmöglichkeiten gab. »Wohin mit Jürgen Bartsch?«, fragte er also (Artikel vom 11. Dezember 1967). Hätte man ihn nach dem Jugendgerichtsgesetz verurteilt: Es fände sich keine Jugendstrafanstalt, der Bartsch zuzumuten gewesen wäre. Welche Heil- und Pflegeanstalt andererseits wäre geeignet, ihn aufzunehmen? Es existiere keine, die ihn so hätte verwahren können, dass die Öffentlichkeit hinreichend vor ihm und er ausreichend vor den Mitinsassen geschützt wäre. Aus Sicherheitsaspekten habe es folglich nur eine einzige Möglichkeit gegeben: Bartsch musste als Erwachsener beurteilt, für voll verantwortlich erklärt und zu lebenslangem Zuchthaus verurteilt werden. Das Zuchthaus aber sei die Vergeltung, die Rache: »Da wird er dann hocken, seinen Fantasien ausgeliefert, und er wird immer scheußlichere Erfindungen seines verwirrten Vorstellungsvermögens onanierend durchspielen.« Wer Rache wolle, werde das für billig halten. »Doch werden wir leiden müssen, solange wir leiden lassen. Nie wieder soll Jürgen Bartsch in die Freiheit gelangen, doch Behandlung sollten wir ihm zuteil werden lassen. Und lernen können sollte die Wissenschaft an ihm. Dafür lassen jedoch unsere Gesetze keine Tür.

Sichernde und zugleich therapierende Verwahrung haben wir nicht. So werden wir denn weiter leiden müssen, an Tätern, die gesund sind nach einem Begriff von Gesundheit, der den Kampf gegen zukünftige Verbrechen, der die echte Prävention unmöglich macht.«

Mauz machte obendrein auf die innere Widersprüchlichkeit des Urteils aufmerksam. Nach den Grundsätzen der Sachverständigen und Richter musste Jürgen Bartsch ein einmaliger Fall sein, das Tier in Menschengestalt, und dennoch zur Verantwortung befähigter, als je ein Mensch vor ihm, auf dass nichts von seiner katastrophalen Entwicklung der Gesellschaft anzulasten sei. Damit aber habe sich das Gericht von allem losgesagt, was auch zu dieser Zeit schon in der Pädagogik gesicherte Erkenntnis gewesen sei, dass nämlich die Umwelt für die Entwicklung des Menschen nicht nur bedeutsam, sondern auch mitverantwortlich sei. Dieses Festhalten an überkommenen Grundsätzen auch gegen besseres Wissen könne man mit den Hexenprozessen vergleichen, bei denen bis ins 18. Jahrhundert auch Urteile vollstreckt worden seien, von denen die Zeitgenossen gewusst hätten, dass sie unsinnig waren. Freilich sprach Mauz damit für eine Minderheit; die Mehrheit der Deutschen hieß die Todesstrafe für Sittlichkeitsverbrecher noch gut und fürchtete sich Anfang 1967 im gleichen Maße vor der Zunahme von Sexualmorden wie vor dem Vietnamkrieg.[20] Die »Praline«, laut Eigenbeschreibung die »Zeitschrift für die Frau von heute«, verlangte zumindest automatische lebenslängliche Sicherheitsverwahrung für überführte Sittlichkeitsverbrecher und ließ in diesem Sinne 1967 Unterschriften sammeln. Forderungen nach Lynchjustiz und nach einem Vorgehen ohne Gnade gegen Bartsch dominierten auch die Leserbriefspalten beispielsweise der »Bild-Zeitung«; dies ist oben schon gezeigt worden. Dem »Stern« zufolge hielten die meisten Bundesbürger noch 1971 Bartsch für grausamer, kaltblütiger und sadistischer als Adolf Hitler.

Gleichwohl war die reformistische Strömung, als deren Sprachrohr im Gerichtswesen Mauz fungierte, unüberhörbar geworden. Insbesondere hatte sie die wissenschaftlichen Vorstellungen über die Entstehung der menschlichen Sexualität von Grund auf verändert – »Am Anfang war Erziehung«,[21] hieß der neue pädagogische Glaubenssatz, und eben nicht: Prädisposition. Mörder wie Bartsch würden gemacht, nicht geboren. Und damit müsse sich die Gesellschaft ihre Mitverantwortung für seine Verbrechen eingestehen. Die Aussage der Statistik über immer mehr jüngere Straftäter sei keineswegs, dass die Kinder immer schlechter würden. Vielmehr werde diese Welt immer schlechter für Kinder. Der jugendliche Mörder Bartsch sei in diesem Zusammenhang ein mahnendes Beispiel: »Das Exempel Jürgen Bartsch fordert uns auf, die Bedingungen für das Heranwachsen unserer Kinder zu ändern.« (12. April 1971).

Gerhard Mauz war aber nicht der einzige Journalist, der gegen das Urteil über Bartsch stritt. Ihm zur Seite standen so renommierte Publizisten wie Uwe Nettelbeck (»Zeit«), Bernd Naumann und Tilmann Moser (»Frankfurter Allgemeine Zeitung«). Am konsequentesten nahm jedoch eine Journalistin der linken Hamburger Zeitschrift »konkret« den Fall Bartsch zum Ausgangspunkt einer umfassenden Gesellschaftskritik: Ulrike Marie Meinhof. Mit aller Schärfe griff sie die Prozessführung der Wuppertaler Richter an: »Die Geschichte von Jürgen Bartsch und der Prozess selbst offenbarten in unheimlicher Anhäufung im Elend dieser Person das Elend der Gesellschaft, in der er gelebt und gemordet hat – in kaum bezeichnetem, selten so kraß sichtbar werdendem Ausmaß. Aber das Gericht hat alles Menschenmögliche getan, um zu verhindern, dass die Verhältnisse, die an Jürgen Bartschs Entwicklung Pate gestanden haben, zum Prozessgegenstand werden, alles, um die Möglichkeit auszuschließen, dass der Junge sich bessert, aufhört zu morden, sich ändert, und hat damit gleich die andere Möglichkeit ausgeschaltet, dass diese Gesellschaft an diesem Prozess begreift, dass sie änderungsbedürftig, änderbar ist.« Das Gericht habe sich geweigert, sich mit der Ursache für Bartschs Kriminalität auseinanderzusetzen, mit einer Gesellschaft nämlich, die Homosexualität eine »Schweinerei« nenne und Homosexuelle damit in die Heimlichkeit treibe, mit ihrem herzlosen Adoptionswesen, der katastrophalen Heimerziehung, der »Prügelpädagogik«. Und der Verteidiger habe nicht begriffen, dass er nicht Jürgen Bartsch zu verteidigen habe, »sondern Hunderttausende von Kindern, Adoptivkinder, Heimkinder, homosexuelle Kinder, geprügelte Kinder, ausgebeutete Kinder«. Er habe geschwiegen, genauso wie der Gerichtsvorsitzende geschwiegen habe, als das Publikum im Gerichtssaal das Urteil mit lautem Beifall und Bravorufen bejubelte, er habe geschwiegen, »wo eine Gesellschaft sich durch ihren Hass auf einen Kindermörder jenes gute Gewissen verschafft, das sie braucht, um zum Kindermorden in Vietnam schweigen zu können und zur Barbarei im Umgang mit Kindern im eigenen Land, in der eigenen Familie«. (Januar 1968).

Heiratskandidat und Opfer: Medienbilder Bartschs beim zweiten Prozess

War das Urteil im zweiten Prozess tatsächlich Ausdruck eines veränderten Bildes der bundesrepublikanischen Gesellschaft von Jürgen Bartsch, einer Korrektur, zu der sich die Mehrheit bloß noch nicht bekannte, wie Mauz 1971 im »Spiegel« bemerkte? Zumindest für das Bild, das die Medien von ihm malten, traf dies unleugbar zu. Bartsch wurde positiver beschrieben, nicht mehr als Monster oder Scheusal charakterisiert, und die Medien öffneten sich für die Frage nach den mit der Erziehung zusammenhängenden Ursachen für den abartigen Sexual- und Mordtrieb des jugendlichen Täters.

Die vorteilhaftere Darstellung Bartschs trieb zuweilen seltsame Blüten. Eine dreiteilige Serie in der »Quick« stach dabei alles andere aus, freilich auch in ihrem nicht zu überbietenden Zynismus und der schamlosen Geschäftemacherei der Beteiligten auf dem Rücken der Opfer. Die Redakteure der Illustrierten räumten nämlich den Ausführungen von Frauen erheblichen Platz ein, die sich in den Kopf gesetzt hatten, Jürgen Bartsch zu heiraten: »Für Millionen ist der Mörder Jürgen Bartsch eine Bestie, die das Recht auf ein menschenwürdiges Dasein verwirkt hat – vielleicht denken auch Sie so. Für Millionen ist er aber auch ein kranker, bedauernswerter Mensch, dem geholfen werden muss. Und für ganz wenige ist er ein Mensch, der Liebe und Fürsorge braucht. Eine von ihnen ist Yvonne K. aus Düsseldorf. Mit 15 las sie seine Lebensgeschichte in der Zeitung. Mit 16 schrieb sie Briefe ins Gefängnis. Mit 17 sagte sie: ›Ich will Jürgen Bartsch heiraten.‹ Heute, mit 18, ist sie so weit, dass sie ihre Liebe in aller Öffentlichkeit bekennt.« (7. April 1971).

Die fragliche Yvonne fand Jürgen bei einem Besuch im Gefängnis »sehr nett«. Auch seine Hände seien sehr schön; dass er Metzger war, sehe man seinen Händen jedenfalls nicht an. Niemals habe sie bei dem »sehr weichen und sensiblen« Mörder auch nur eine »Spur von Sadismus« gespürt. Sie wolle ihn heiraten und Kinder mit ihm haben. Aus den Zukunftsvorstellungen, die besagte junge Dame im Weiteren zum Besten gab, spricht entweder grenzenlose Naivität oder bodenloser Zynismus. Der Redaktion jedenfalls kann man irgendeine Ahnungslosigkeit nicht zu Gute halten: Sie finde es furchtbar, was er mit den Kindern gemacht habe. Aber er habe ja – weil er krank gewesen sei – nicht anders gekonnt. Jetzt wolle sie ihm helfen, seine Homosexualität zu überwinden: »Meine Hoffnung ist, dass Jürgen diesmal mit einer Jugendstrafe davonkommt und dass er anschließend in der Heilanstalt endlich operiert wird. Wenn bei dieser Operation noch ein paar kleine normale Sexualzellen übrigbleiben, und wenn wir danach endlich unser gemeinsames Leben beginnen könnten, das wäre herrlich.« (14. April 1971). Der Fall Bartsch war, zumindest in Deutschland, die Geburtsstunde einer ganz neuen Deutung des Serienmörders als Sexsymbol. Das zeigen auch weitere Zuschriften von Frauen, die Yvonne K. prompt ihre junge Liebe streitig machten. Eine 47-jährige Schauspielerin rühmte den Serienmörder als »prima Burschen«, »sensibel, nett, bescheiden, clever«, mit einer »sauberen Ausstrahlung«. Eine 21-Jährige behauptete gar, wegen ihrer Liebe zu Bartsch ihre Eltern verlassen zu haben (21. April 1971). Dass derartige Bekundungen nicht allein dem Wunsch nach Berühmtheit oder den Lockungen der Presse entsprangen, zeigt sich daran, dass Bartsch 1974 aus der geschlossenen Abteilung der Psychiatrie heraus eine seiner Brieffreundinnen tatsächlich heiratete.

Einer anderen Spielart der Umdeutung des Kindermörders zum bemitleidenswerten (wenn nicht gar: liebenswerten) Geschöpf bot die »Zeit« Raum. Das Ergebnis ist ähnlich, doch an Stelle des Zynismus der »Quick« war es beim Leib- und Magenblatt der linksliberalen Intellektuellen wohl eher leichtgläubiges Gutmenschentum, weshalb sie Bartsch auf den Leim ging. Der amerikanische Journalist Paul Moor verschaffte sich Zugang zu Bartsch, mit dem er dann eine ausgedehnte Korrespondenz führte (die wiederum auch in Buchform herausgegeben wurde[22]). Teile dieses Briefwechsels veröffentlichte Moor in der Zeitungsbeilage »Zeit-Magazin« (5. und 12. März 1971); dem schlossen sich mehrere Artikel über den Prozess an. »Spiegel«-Mann Gerhard Mauz ließ es sich nicht nehmen, die Bedeutung der Bartsch-Briefe in einem Gastkommentar herauszustreichen (5. März 1971). Die Korrespondenz sei vor allem ein Dokument der Humanität »oder, um genauer zu sein: ein Dokument, dessen Rang darin besteht, dass es uns vor Augen führt, wie weit wir uns von der Menschlichkeit entfernt haben. Jürgen Bartsch ist seit seiner Verhaftung nichts anderes an Hilfe, an schlichtestem Beistand gewährt worden, als diese Korrespondenz.« Es gebe nur diesen Briefwechsel, die Bereitschaft Paul Moors, zu hören und zu antworten; sie allein stehe für die Hoffnung, es werde der häufigen Begutachtung Bartschs doch noch Hilfe folgen, die folgen müsse, »wenn es [das Begutachten; insgesamt untersuchten Bartsch über 40 Gutachter] nicht eine Unternehmung von beispielloser unmenschlicher Scheußlichkeit gewesen sein soll«. Das war nun in der Tat eine beispiellose Umfunktionierung des Begriffs »unmenschliche Scheußlichkeit«, der jetzt nicht mehr die Mordtaten, sondern die Behandlung des Mörders durch Justiz und Psychiatrie benannte. Mauz schloss: »Die Korrespondenz Paul Moors mit Jürgen Bartsch, mit dem überlebenden, verzweifelten Opfer von vier Kindern, die ihm zum Opfer fielen, ist eine Chance.« Jürgen Bartsch hatte vier Jungen umgebracht, denen er vor ihrem Tod entsetzliche Foltern antat. Nun aber machte ein renommierter Gerichtsreporter in einer führenden, seriösen Zeitung den Mörder zum Opfer seiner Mordopfer.

Paul Moor, der ebenfalls jegliche Distanz zum Objekt seiner Artikel vermissen ließ,[23] schlug die Kerbe tiefer. Insbesondere kritisierte er in äußerster Schärfe die deutsche Psychiatrie, die neue, »aber schon bewiesene« Erkenntnisse sich wahrzunehmen weigere. Das sei ein wesentlicher Grund für den »primitiv falsch gelaufenen Prozess« von 1967 gewesen. Außerdem, schrieb Moor, sei Bartsch ein Opfer der kinderfeindlichen bundesrepublikanischen Gesellschaft: »Die Bevölkerung der Bundesrepublik, der es so leicht gefallen ist, aus Jürgen Bartsch einen Sündenbock für ihre eigenen Taten zu machen, prügelt jahraus, jahrein etwa neunzig bis hundert Kinder zu Tode und verletzt mehrere weitere tausend schwer. Wenn die Erkenntnisse aus diesem Prozess diese Statistik werden ändern können, werden die vier Opfer von Jürgen Bartsch nicht ganz umsonst gestorben sein.« (9. April 1971). Ob Moor es so meinte oder nicht: Er verglich mit der Gegenüberstellung die große Zahl der Prügelopfer (»neunzig bis hundert« pro Jahr) mit der kleinen Zahl der Opfer Bartschs (»vier«) – und stellte Letztere damit als vergleichsweise geringfügig dar. Das zweite Urteil lobte er als fortschrittlich und mutig. Man dürfe Bartschs Zukunft jetzt nicht ganz schwarz malen (16. April 1971). Er vergaß allerdings zu erwähnen, dass die Zukunft seiner Opfer pechschwarz war, wofür Bartsch ganz allein gesorgt hatte. Um seine Würdigung des Urteils zu bekräftigen, zitierte Moor andere, ebenfalls »aufgeklärte Gerichtsjournalisten«. Werner Birkenmaier etwa, von der »Stuttgarter Zeitung«, schrieb von einer »guten Stunde der Justiz«, Roderich Reifenrath, Reporter des linksliberalen Flaggschiffs »Frankfurter Rundschau«, meinte gar: »Dem Mörder ist auf eine Weise Gerechtigkeit widerfahren, die im Strafprozess neue Maßstäbe setzen wird.«

Erziehung zum homosexuellen Sadisten: Der Boulevard macht sich ein neues Bild

Die 180-Grad-Wende der »Quick« vom Scheusal zum Sex-Symbol und Heiratskandidaten oder die einseitig positive Darstellung des Mörders als Opfer vollzogen viele andere Zeitungen nicht nach. Und dennoch: Nachdem die Massenpresse Bartsch 1966/67 zum mordenden Monster gestempelt hatte, für den keine Strafe hart genug sein konnte, schien sie nun Gefallen zu finden an der neuen Deutung von Verbrechen, die offenbar dem reformistischen Zeitgeist der frühen 70er Jahre eher entsprach. Es darf dabei nicht unterschätzt werden, dass diese Medien (»Bild«, »Quick«, »Stern«) besonders auf ein junges Publikum abzielten, bei dem anzunehmen war, dass es eher progressiv über gesellschaftliche Themen dachte (»Sexwelle«, Demokratisierung, Erziehungsnormen, Ostpolitik). Zumindest stürzten sich alle auf die Ursachenforschung. Wenn der Täter nicht mehr allein verantwortlich zu machen war, wem konnte man dann die Schuld an den Morden geben? Drei Schuldige benannte man: »Bild« und »Bild am Sonntag« waren zwar am deutlichsten bemüht, den Täter wieder zum Menschen zu machen, verharrten aber auch am stärksten in ihrer konservativen Deutung, in dem sie vordringlich auf den angeborenen »Trieb« Bartschs rekurrierten. Die »Quick« und teilweise auch der »Stern« sahen die Ursache in der Erziehung im katholischen Internat, die Bartsch zum homosexuellen Sadisten gemacht habe. Der »Stern« beteiligte sich außerdem am Feldzug gegen die Erziehungsgrundsätze der Adoptiveltern des Mörders, an dem auch andere linksliberale Medien teilnahmen.

Am ersten Tag ihrer Berichterstattung blieb die »Bild« ihrer Tradition von 1967 noch treu. Sie zitierte den Vater eines Opfers mit den Worten, Bartsch habe ihn im Gericht angelächelt. »Ich wäre am liebsten aufgesprungen und ihm an die Gurgel gegangen. Er hat meinen Jungen getötet und lächelt, als ob nichts gewesen wäre.« (17. März 1971). Der Tenor der Berichte änderte sich jedoch schnell. Die Zeitung folgte darin ihrem sonntäglichen Schwesterorgan, der »BamS«, die sich schon seit einigen Wochen darum bemühte, die menschlichen Züge des Knabenmörders herauszustellen. Der Grund dafür war, dass die »BamS« die Exklusivrechte für

Gespräche mit dem Mörder und seinen Eltern gekauft hatte – womit wiederum der zweite Prozess überhaupt erst finanziert werden konnte.

Bereits im ersten Teil der Serie über Bartsch vom 13. Dezember 1970 hieß es nicht nur: »Er tötete innerhalb von vier Jahren mit sadistischer Freude vier Kinder«, sondern es war eben auch die Rede vom »bescheidenen Musterhäftling«, der sich in der Zelle umbringen wollte, weil er seinen Trieb, »das böse Tier«, nicht mehr habe ertragen können. In die Adventsstimmung hinein durften die Eltern dann im zweiten Serienteil vom 20. Dezember verlangen: »Verdammt unseren Jungen nicht – heilt ihn.« Gleichzeitig forderte das Blatt zum Mitleid mit den Eltern auf, dem unauffällig bürgerlichen Handwerker-Ehepaar mit dem »blitzsauberen«, modernen Fleischerladen, das sein Kind liebe und »gepflegt, umsorgt, verwöhnt und verhätschelt« habe. Das war ein frappanter Gegensatz zum blutigen Gewerbe des Knochenhauers, das vier Jahre zuvor beschworen worden war, aber auch zu den Berichten anderer Medien, die eine fehlgeleitete Erziehung durch die Eltern Bartschs für dessen Sadismus verantwortlich machten. Die Adoptiveltern wären kaum bereit gewesen, Geschäftspartner der »BamS« zu werden, wenn die Springer-Blätter sie wegen der Morde beschuldigt hätten; also musste die »Mordlust« angeboren sein, wofür die Adoptiveltern natürlich nicht verantwortlich zu machen waren, wohl aber die leiblichen Eltern. Auch den Vater, Adolf Peters, den die »BamS« aufstöberte, entlastete die Zeitung, denn auch er war bereit, seine Erinnerungen mit den Lesern zu teilen. Blieb also nur die Mutter – die ja tot war und sich deshalb nicht mit Gegendarstellungen wehren konnte. Und tatsächlich, laut Peters hatte sie dem Jungen ein schweres Erbe mitgegeben: Sie sei äußerst »triebstark« gewesen, habe ständig Sex gewollt, mit anderen Männern vor ihrer Beziehung zu Peters seit ihrer Jugend, und dann auch ständig mit ihm, sogar im Krankenhaus. Peters' Bereitwilligkeit wiederum honorierte die »BamS«, indem sie entschuldigend schrieb, seine anderen elf Kinder seien ganz normal (3. Januar 1971). Die »Triebstärke« des Vaters, der ja immerhin zwölf Kinder gezeugt hatte, kritisierte das Blatt nicht – was nicht nur damit zusammenhing, dass die »BamS« ihren Geschäftspartner Peters nicht denunzieren wollte. Dahinter stand ebenso die ambivalente Haltung der konservativen Sonntagszeitung gegenüber der Sexualität allgemein: Eine starke Libido des Mannes entsprach ihr zufolge seiner Natur und war daher tolerabel – solange sie normal, d.h. nicht homosexuell ausgerichtet war. Eine »triebstarke« Frau hingegen bedeutete ein Risiko für die Gesellschaft. Besonders gefährlich sei, das hatte die »BamS« schon 1966 in einer über zwei Monate laufenden Serie (die zufällig eine Woche vor der Verhaftung Bartschs begann) klar gemacht, dass heutzutage immer mehr Jugendliche Sex hätten. Das sei eine regelrechte Seuche, die das Schicksal von Sodom und Gomorrha heraufbeschwöre: »Sittenskandale in Kleinstädten und Dörfern sind an der Tagesordnung. Sexualverbrechen werden immer häufiger von Jugendlichen begangen. In den letzten vier Jahren wurde pro Woche ein Kind missbraucht und ermordet. Die Statistik der Geschlechtskrankheiten schnellt wie die Fieberkurve eines Malaria-Kranken beinahe senkrecht in die Höhe.« (17. Juni 1966).

Dem Kurs der »BamS« schloss sich die »Bild« an; auch ihren Seiten konnte man den neuen Anblick des menschlichen Täters entnehmen, der gerne Heintjes Lieder (»Mama, Du wirst doch nicht um Deinen Jungen weinen«) höre und sich nach einer heilen Welt sehne (24. März 1971). In der »BamS« wiederum fasste der Krimiautor Max Pierre Schaeffer die neue Sicht der Springer-Blätter über Bartsch folgendermaßen zusammen: Man müsse ihn in eine Heilanstalt einweisen, wo man den »jungen Mörder mit Hilfe therapeutischer oder anderer moderner medizinischer Mittel zu behandeln oder gar zu heilen (versuchen könne) – das hieße: ihn von seinem grausamen Trieb, dem ›Raubtier in sich‹, zu befreien.« (14. März 1971). Außerdem sei die Vorstellung, dass Bartsch bald freikommen könne – was nach dem zweiten Urteil durchaus möglich war –, nicht beängstigend. Denn, so wieder Schaeffer, »mit den fortschreitenden Erkenntnissen unserer modernen Wissenschaft wächst die Chance für Bartsch, von seinem grausamen Trieb befreit zu werden. Als Geheilter könnte er eines Tages wieder ein freier Mann sein – ein Mann, der vergnügt pfeifend mit seinem Koffer beispielsweise über die Kettwiger Straße in Essen schlendert.« Dieses – heute als ausgesprochen naiv erscheinende – Bild sei aber ohne Schrecken: »Denn ich bin sicher, in Bartschs Koffer werden sich bestenfalls Zahnbürste, Hemden und Schlipse befinden – keinesfalls aber Luftlöcher.« Die Luftlöcher spielten auf einen früheren Plan Bartschs an, ein Kind mit Äther zu betäuben und im besagten Koffer in seine Folterhöhle zu verschleppen. Und weil diese Zukunftsvision nicht eintreten werde, sei das Urteil auch gerecht. Die Richter hätten ihre Pflicht getan und sich mutig gegen jenen Teil der Öffentlichkeit gestellt, der die Todesstrafe fordere. Wichtiger als Bestrafung sei es, die richtigen Lehren aus den Verbrechen zu ziehen, damit sie nicht wieder vorkämen (12. April 1971).

Anlässlich des zweiten Prozesses machte ein Großteil der Medien die konservativen Erziehungsgrundsätze der Deutschen, exemplifiziert von den Adoptiveltern und dem katholischen Internat Don Bosco, für Bartschs »pervertierten Trieb« (»Stern«) verantwortlich. Damit übernahmen sie das Diktum von Gerhard Mauz vom »gemachten« (und nicht: geborenen) Mörder. Der »Stern« etwa ließ in einem längeren Artikel (»Vom Goldkind zum Kindesmörder«, 11. April 1971) den reformorientierten Sachverständigen breiten Raum für ihre Erklärungen. Die Psychologin Elisabeth Müller-Luckmann z. B. äußerte sich: »Bartsch hat sich diese perverse Lebensform nicht gewählt, er ist in sie hineingeraten. Der Angeklagte wurde durch eine fatale Vorgeschichte geprägt.« Der Psychoanalytiker Prof. Tobias Brocher meinte, bei Bartsch seien Persönlichkeits- und Defektentwicklung zusammengefallen. Kinder könnten nichts anderes als widerspiegeln, was mit ihnen geworden ist. Brocher beschwor auch die Gefahren der traditionellen Sehweise: »So lange wir uns nicht um die frühe Sexualentwicklung und -erziehung der Kinder vor dem sechsten Lebensjahr kümmern und weiterhin glauben, ein Kind habe vor dem zwölften oder dreizehnten Lebensjahr weder Triebe noch Sexualität, wird die Gesellschaft immer wieder neue Kindermörder hervorbringen, die ihre erlittenen Enttäuschungen und Grausamkeiten an Unschuldigen rächen wollen.« (21. März 1971).

Mit Brocher, so der »Stern«, sei zum ersten Male in einem bedeutenden deutschen Prozess die seit den Zeiten des Nationalsozialismus als spekulativ verketzerte Psychoanalyse in den Gerichtssaal eingezogen. Er habe dabei ein »bestürzendes Bild jugendlicher Fehlentwicklungen des Angeklagten« gezeigt. Diese Fehlentwicklungen wiederum seien verursacht durch die Erziehung, die Bartsch habe durchleiden müssen: Die Adoptiveltern hätten etwa »Ordnung, Sauberkeit und Fleiß« übermäßig betont – womit der Gutachter bis dahin als ganz normal angesehene Erziehungsmuster jetzt wörtlich als »satanische« Entwicklung und Nährboden eines perversen Trieblebens bezeichnete.

Auch »Stern«, »Bild« und »BamS« hatten einige gruselige Geschichten über die katholische Don-Bosco-Klosterschule Marienhausen (bei Bingen) und Pater Pütz, der dort unterrichtete, zu erzählen. Keine jedoch malte sie so aus wie die

»Quick«, die sich im Fall Bartsch offenbar auf einem Kreuzzug gegen die Kirche und zur Rehabilitierung des Täters wähnte. »Zwei Jahre in strenger Klosterzucht prägten den Kindermörder Jürgen Bartsch fürs Leben«, hob der Artikel an (31. März 1971). »Im Internat ›Marienhausen‹ waren unmenschliche Strafen an der Tagesordnung. Ein katholischer Ordenspriester erzählte den Schülern sadistische Geschichten und brachte sie auf sexuelle Abwege.« Anschließend schilderte die Illustrierte detailliert, was Pater Pütz seinen Schützlingen antat. So habe es permanent Prügel gehagelt, immer mit Gegenständen, darunter einem Spaten, und ein Schüler sei gar gezwungen worden, sein eigenes Erbrochenes zu essen. Die Redaktion hatte sichtlich Freude an der Schilderung des brutalen Treibens hinter den Mauern des Internats, wo Bartsch fürs Leben verdorben worden sei. Und weiter: Pütz habe den Jungen von den Taten des Gilles de Rais vorgelesen, eines mächtigen Ritters im 15. Jahrhundert, der Hunderte Knaben auf seinen Burgen gefoltert und getötet haben soll. »Ist das die Schlüsselgeschichte für die Verbrechen Bartschs?« Auf diese Weise habe der Priester Bartsch demnach zum Sadisten gemacht. Doch das Blatt ging noch darüber hinaus: Es erklärte Pütz auch für schuldig, Bartsch in die Homosexualität getrieben zu haben. Die entsprechende Seitenüberschrift lautete: »So wurde Jürgen Bartsch homosexuell: Im Ferienlager holte Pater Pütz den dreizehnjährigen Jungen zu sich ins Bett.« Im Text hieß es: »Aber Brutalität und Gewalt kennzeichnen nur die eine Seite des Wesens von Pater Pütz. Auf der anderen Seite empfand er eine merkwürdige Zärtlichkeit für manche seiner Schüler.« Bartsch sei nämlich von Pütz im Ferienzeltlager in sein Bett geholt worden; dort habe er dann an dem Jungen herumgespielt. Aufgrund dieses Erlebnisses sei Bartsch drei Monate nach dem Zeltlager mit einem Kameraden aus dem Internat abgehauen. »Und auf der Flucht meldet sich bei dem Dreizehnjährigen zum ersten Mal sein unheimlicher Trieb. Bartsch versucht, den Kameraden vor einen fahrenden Zug zu stoßen, um sich an der Leiche sexuelle Befriedigung zu verschaffen. Der Anschlag misslingt. Aber der Mordtrieb aus Homosexualität und Sadismus bleibt Jürgen Bartsch treu.« Die »Quick« versuchte ihren Lesern also zu vermitteln, dass jemand durch eine Vergewaltigung homosexuell werden könne. Nach dieser Deutung hatte die Klosterschule Bartsch zu einem sadistischen Mörder erzogen: Sie gab ihm die Ideologie für seine Taten, indem ein Lehrer in Gilles de Rais ein Vorbild schuf; sie lieferte ihm die homosexuelle Praxis; und schließlich brachte sie sein Triebleben durch die barbarischen Erziehungsmethoden aus der Bahn – wobei die Boulevardpresse Homosexualität auch ohne Sadismus als krankhafte Triebverirrung ansah. Diese Ansicht teilte übrigens die Masse der Deutschen. Laut Allensbach sprachen sich 1971 45 Prozent der Bevölkerung dafür aus, dass homosexuelle Kontakte zwischen Erwachsenen weiter strafbar sein sollten, nur 38 Prozent waren dagegen.[24]

Das Medienbild des Knabenmörders Jürgen Bartsch hatte sich zwischen dem ersten und dem zweiten Prozess vollkommen gewandelt. 1966/67 dominierte noch eindeutig das Bild vom »Teufel in Menschengestalt«. Nur wenige Journalisten entzogen sich dieser Deutung. Vier Jahre später jedoch bemühten sich alle berichtenden Medien um eine Erklärung, die die Schuld weniger beim Täter selbst, als vielmehr in seiner Sozialisation suchte. Außerdem bemühte man sich jetzt, Bartsch als Menschen und nicht als Bestie zu zeichnen. Allumfassendes psychologisches Verständnis; Hoffnung auf die Heilbarkeit auch der schlimmsten Devianz; Bezichtigung konservativer Erziehungsideale und -institutionen: Die Deutungen der Bartsch-Morde während des zweiten Prozesses waren ein getreuliches Abbild des Zeitgeistes der frühen 1970er

Jahre, deren Vertreter eifrig an Reformen glaubten, an den Fortschritt und an die Heilkraft sozialer und technischer Therapien. Die wirtschaftliche Krise indessen mit dem Ölpreisschock, steigender Inflation und Arbeitslosigkeit und das Umschwenken von Teilen der Protestbewegung auf eine kompromisslose Kampfansage gegenüber dem westlichen Lebensstil waren ein Säurebad für die bisweilen naive Fortschrittsgläubigkeit dieser Jahre. Herausgeätzt wurde ein beinharter Zynismus, den der Boulevard auch in der Serienmorddarstellung deutlich erkennen ließ. Davon wird im folgenden Kapitel die Rede sein.

Die 1970er Jahre – Serienmörderdeutung in Zeiten der Unsicherheit

Zur Mitte der 1970er Jahre hin, in denen sich die beiden nun folgenden Fälle zutrugen, veränderten sich die Existenzbedingungen der Bundesrepublik Deutschland von Grund auf, und zwar in innen- und außenpolitischer sowie in wirtschaftlicher Hinsicht. Damit einher ging auch eine gewichtige Zäsur in der Mentalität der bundesrepublikanischen Gesellschaft, die man insgesamt unter der Überschrift »abnehmende Gewissheit« subsumieren kann.

Inflation, Ölkrise und Terrorismus: Die verunsicherte Gesellschaft der 1970er Jahre

Die erregten Zeiten der 68er-Bewegung waren vorbei; die bundesrepublikanische Gesellschaft ruhte abermals in selbstzufriedener Gewissheit. Doch die wiedergefundene Beschaulichkeit war nur von kurzer Dauer. Insbesondere die schwierigen weltwirtschaftlichen Bedingungen bewirkten in den 1970er Jahren erneute Mentalitätsbrüche. Grundlegender Konsens war bis dahin die Überzeugung gewesen, die Erfolgsgeschichte des deutschen »Wirtschaftswunders« würde sich stetig fortschreiben lassen. Und wenn es doch einmal konjunkturelle Schwächen geben sollte, so wussten der keynesianische »Superminister« Karl Schiller und der »Weltökonom« Helmut Schmidt den Deutschen zu erzählen, habe man das

Instrumentarium, um sie problemlos zu bewältigen. Die Ölkrise von 1973 und die 1974/75 beginnende Rezession jedoch versetzten diesem ökonomischen Selbstbewusstsein einen Schock. Die Sonntagsfahrverbote im November und Dezember 1973 verödeten die Autobahnen. Dies war ein nicht zu übersehendes Symbol für die beschworenen »Grenzen des Wachstums«. Infolgedessen ging eine scheinbar unverrückbare Gewissheit im Denken der Deutschen verloren: Mit teilweise dramatisch emporschnellenden Inflationsraten bei zunehmender Arbeitslosigkeit zeichnete sich das Ende des vermeintlich immer währenden Aufschwungs ab. Demgemäß machte sich Unsicherheit breit, eine Unsicherheit, der die Boulevardpresse das Trugbild eines intakten Wertekanons entgegenstellte: Was früher richtig war, sei es auch heute und würde es daher auch in Zukunft sein, versuchten die Zeitungen ihre Leser zu beruhigen.

Symbol und Höhepunkt eines weiteren schwerwiegenden sozialen Umbruchs – und bei weitem von nicht nur rechtsgeschichtlicher Relevanz – war der erste große Terroristen-Prozess in Stuttgart-Stammheim, der im Mai 1975 eröffnet wurde. Mit den Unruhen in der Folge des Schahbesuches in Deutschland 1967 und den Protesten gegen die Durchsetzung der Notstandsgesetzgebung unter der Großen Koalition 1968 hatten sich die dem Umbruch zugrunde liegenden Veränderungen abzuzeichnen begonnen. Die Entwicklung eskalierte aber erst in den 1970er Jahren: Die gemäßigt revoltierende 68er-Studentenbewegung machte sich auf den Marsch durch die Institutionen. Abgelöst wurde sie von der im Anspruch wirklich revolutionären »Stadtguerilla« der »Bewegung 2. Juni« und der »Baader-Meinhof-Bande« bzw. »Rote Armee Fraktion« (RAF). Nach deren Anschlägen sah sich Westdeutschland einer bis dahin unbekannten Form der Gewaltanwendung gegenüber und reagierte zutiefst verstört. Die RAF versuchte, die eigene Gewalttätigkeit zu legitimieren, indem sie auf eine vermeintlich bestehende strukturelle Gewalt der kapitalistischen Gesellschaften nach innen und nach außen hinwies. Angesichts der brutalen Sinnlosigkeit des Vietnam-Krieges, aber auch des überharten Vorgehens der Polizei im eigenen Land, brachte die junge Linke den Terroristen nicht selten Verständnis entgegen.

Höchst beunruhigend war obendrein, dass internationale Konflikte ihre mörderischen Ausläufer bis in die gemütliche deutsche Nische hineinzutragen begannen, wie sich an dem Attentat auf die israelische Mannschaft bei den Olympischen Spielen von München 1972 gezeigt hatte. Es muss in dieser Situation für manchen Journalisten geradezu eine Erleichterung gewesen sein, dass sich auch noch Verbrechen zutrugen, denen man mit herkömmlichen, altbewährten Erklärungsmustern beikommen konnte. Und so stürzte sich die Presse auch in den Umbruchzeiten der späten 1960er bis zur Mitte der 1970er Jahre, in denen etliche scheinbar festgefügte Wahrheiten über Normalität und Devianz, über die Ursachen und Motive von Verbrechen ins Wanken gerieten, mit großem Enthusiasmus auf Serienmordfälle. Die Berichte wurden richtiggehende Medienspektakel, die sich häufig über Wochen hinzogen und der regionalen wie der überregionalen Presse die Schlagzeilen lieferten. Stets von neuem präsentierte man dabei dem Publikum die wohlerprobten, althergebrachten Schreckensbilder, und wie seine Vorgänger in den Krisenjahren der Weimarer Republik wurde ein Serienmörder dieser Zeit zur Berühmtheit und ging in die deutsche Folklore ein.

Am Donnerstag, dem 17. Juli 1975, brach im Mietshaus in der Zeißstraße 74 im Hamburger Stadtteil Ottensen ein Feuer aus. Der Brand erfasste auch ein Stück des Dachbodens, wo eine Mansardenwohnung lag. Nachdem die Feuerwehrmänner den Brand gelöscht hatten, bemerkten sie einen stechenden Geruch. Sie folgten dem bestialischen Gestank und entdeckten in Plastiktüten und Tücher eingewickelt Teile zweier weiblicher Leichen in einem Zustand der weit fortgeschrittenen Verwesung. Die daraufhin alarmierte Polizei fand Reste einer dritten und vierten Toten. Noch am gleichen Tag wurde der Mieter der Wohnung, der Nachtwächter Fritz Honka, festgenommen und der Öffentlichkeit als überführter Täter präsentiert.

Nach anfänglichem Leugnen gestand Honka den vernehmenden Polizeibeamten seine Taten und erzählte den psychiatrischen Gutachtern von seinem Leben: Geboren wurde er 1935 in Leipzig. Den Vater, einen Kommunisten, sperrten die Nationalsozialisten ins Konzentrationslager. Die Kinder wurden anschließend in ein Kinderlager verbracht, von wo sie erst nach Kriegsende nach Hause zurückkehrten. Kurz danach, im Jahre 1946, starb dann der Vater, und die Mutter gab die Kinder in ein Waisenhaus. Eine begonnene Maurerlehre musste Fritz Honka krankheitshalber abbrechen. 1955 flüchtete er in den Westen und wurde Landarbeiter in der Lüneburger Heide. Nur ein Jahr später erlitt er einen schweren Autounfall, der sein Gesicht dauerhaft entstellte. Schließlich zog er nach Hamburg zu seinen Geschwistern, heiratete und zeugte einen Sohn. Nach der Scheidung heiratete Honka seine Ex-Frau noch ein zweites Mal, doch auch diese Ehe scheiterte.

Die Opfer Honkas waren ältere Prostituierte aus übel beleumundeten Gegenden von St. Pauli, dem Hamburger Rotlichtbezirk. Honka hatte die meisten von ihnen in der finsteren Spelunke »Goldener Handschuh« am Hamburger Berg aufgelesen. Die erste Frau tötete Honka im Dezember 1970. Er erdrosselte die 42-jährige Gertrude Bräuer mit einer alten Gardine, versteckte die Leiche und zerstückelte sie später. Erst vier Jahre später mordete Honka erneut, nun in immer kürzeren Abständen, insgesamt drei weitere Frauen: Anna Beuschel (63), Frieda Roblik (58) und Margarete Schuldt (52). Er verstümmelte ihre Körper, zerteilte sie und deponierte sie in einer Abseite seiner Wohnung.

Im Prozess im Herbst 1976 forderte die Staatsanwaltschaft lebenslänglich und anschließende Sicherheitsverwahrung für den vierfachen Frauenmörder. Sein äußerst medienbewusster Verteidiger, der Münchner Staranwalt Rolf Bossi, fuhr dagegen schweres Geschütz auf. Um die Grausamkeit der Taten seines Mandanten herunterzuspielen, diffamierte er dessen Opfer in übler Weise. Honka sei vom Schicksal Stück für Stück zertrümmert worden. Ein »beschissenes Leben«, nur im Suff zu ertragen, habe er geführt. Schließlich landete er ganz unten in der Gosse, habe sich nachgerade gesuhlt in der »erbärmlichsten Form von Sexualität«, »mit stinkenden Weibern inmitten von Dreck«.

Das Hamburger Schwurgericht zeigte sich sehr um Fairness gegenüber dem Angeklagten bemüht – Honkas zweiter Verteidiger, Gunther Widmaier, sprach von einer »großartigen menschlichen Verhaltensweise« – und folgte schließlich in Urteil und Begründung weitgehend der Verteidigung. Nur eine Tat wertete es als Mord, die anderen als Totschlag, es verurteilte Honka zu 15 Jahren Gefängnis und anschließendem Maßregelvollzug. Fritz Honka starb 1998, nachdem er 18 Jahre in der geschlossenen Abteilung der Psychiatrie Ochsenzoll verbracht hatte und von dort 1993 als geheilt entlassen worden war. Über die Verhaftung und den Prozess hatte die

Presse ausgiebig geschrieben; über den gefangenen und später den freigelassenen Honka hingegen durfte sie kein Wort verlieren. Eine hohe Konventionalstrafe drohte dem, der von der früheren oder der neuen Identität des Frauenmörders berichtet hätte.

Eine Pressesensation im Sommerloch 1975

Der Fall Honka, des »Blaubartes von Mottenburg«, wie ihn das »Hamburger Abendblatt« taufte, rief insbesondere in der lokalen Presse unverzüglich ein enormes Echo hervor. Bemerkenswert ist dabei allerdings der Kontrast zwischen dem hohen Grad an Aufmerksamkeit, den die Medien dem Fall seit der Entdeckung der Leichen und der Verhaftung Honkas widmeten, und dem fast völligen Fehlen von Nachrichten über das Verschwinden der Opfer. Honka tötete in einem Zeitraum von vier Jahren vier Frauen. Teile des ersten Opfers wurden bereits im November 1971 auf einem ehemaligen Schrottplatz in der Gaußstraße in Ottensen gefunden – vielleicht 100 Meter Luftlinie von Honkas Wohnung entfernt. Die Polizei bat in diesem Fall zweimal die Presse um Mithilfe, indem sie zunächst eine Rekonstruktion des Gesichtes der Toten und später, nach erfolgreicher Identifikation, ein Foto zur Veröffentlichung weitergab. Da die Fahndung nach dem Täter jedoch im Sande verlief – und trotz der ungewöhnlichen Umstände der Entdeckung der Leiche, von der in einem mit Duftsteinen kaschierten Karton der Kopf und jeweils zwei Brüste, Arme, Hände und Füße sowie ein Bein in stark mumifiziertem Zustand gefunden wurden –, konnten die weiteren Taten geschehen, ohne dass die Presseorgane davon auch nur Notiz genommen hätten.

Das lag zum einen an der sozialen Herkunft der Opfer, die

sich offenbar in einem Gesellschaftskreis bewegten, in dem ihr Verschwinden nicht bemerkt wurde oder zumindest keine Verwunderung hervorrief. Zum anderen kam hinzu, dass das Milieu der Opfer von den Medien als schäbig und schmutzig stigmatisiert und damit die darin lebenden – und sterbenden – Menschen als der Beachtung nicht wert abgetan wurden. Erst als die Toten mit dem hohe Verkaufszahlen versprechenden Phänomen des »Lustmordes in Serie« in Verbindung gebracht werden konnten, erachtete man die zuvor vernachlässigten Einzelfälle als berichtenswert.

Dann aber erfuhren die Festnahme Honkas und die daraufhin bekannt werdenden Details der Mordgeschichte im heißen Sommer 1975 einen hohen Grad an medialer Aufmerksamkeit. Die Quantität der Berichterstattung spiegelte sich auch in der Aufmerksamkeit des Publikums wider, das sich in jahrmarktähnlichen Aufläufen an mit den Taten zusammenhängenden Orten zusammenfand. Bereits an dem Tage, an dem die Leichen entdeckt wurden, versammelte sich eine Menschenmenge vor dem Haus in der Zeißstraße 74. Am folgenden Tag, als das Gerücht die Runde machte, Honka würde von der Polizei zu einer Tatortbesichtigung in seine Wohnung geführt, warteten einige hundert Neugierige vergeblich auf den Anblick des so genannten »Massenmörders von Altona«.

Ebenfalls auffällig ist, dass die hohe Berichtintensität nur über einen sehr kurzen Zeitraum beibehalten wurde, bis ein weiteres lokales Großereignis, ein Bahnunfall mit zahlreichen Toten in Harburg, und nicht zuletzt die beginnende Bundesliga-Saison das Sommerloch schlossen und die Morde nach einigen Tagen fast vollständig aus den Zeitungen verdrängten. Am längsten hielt noch die »Bild-Zeitung« an der Story fest, doch auch dort endete mit dem Auslaufen der Serie »Honka und die toten Seelen von St. Pauli« am 11. August

1975 die ohnehin nur noch kleinformatige Berichterstattung, um erst mit dem Beginn des Prozesses im November des folgenden Jahres wieder aufgenommen zu werden – dann allerdings mit einer vollkommen gewandelten Charakteristik.

Wie nicht anders zu erwarten, verlegten sich die Boulevardblätter durchgängig auf eine sensationsheischende Form der Darstellung, mit großen, oft spekulativen Schlagzeilen. »Bild«-Hamburg etwa titelte am 18. Juli 1975: »Vier Frauen von Nachtwächter geköpft und zerhackt« und brachte dazu den Untertitel: »Der Massenmörder lebte zwischen Pornos und Puppen«. Bei der »Hamburger Morgenpost« hieß es am gleichen Tag: »Massenmord aus Sex-Gier!«: »Er tötete nur ledige Frauen. Er zerstückelte ihre Körper. Er mauerte ihre Leichen ein.« Dazu wurden großformatige Fotos und vermeintlich die Hintergründe der Taten erhellende Serien gebracht (mit Titeln wie »Honka und die toten Seelen von St. Pauli« oder auch »Massenmörder«). Ebenso sticht ins Auge, dass der mutmaßliche Täter vom ersten Tag an in allen Darstellungen mit vollem Namen und – möglichst entstellenden – Fotos erschien. Kein schwarzer Balken verdeckte die Augen, kein Attribut »mutmaßlich« erlaubte Zweifel an der Täterschaft. Dieser Art der Berichterstattung schloss sich auch die eher biedere Abonnementszeitung »Hamburger Abendblatt« an. Dort wurde gleichermaßen eiligst eine Serie ins Blatt gestellt (»Die Namen der Opfer sind bald vergessen. Morde, die Aufsehen erregten.«) und Honka mit vollem Namen als »Blaubart von Mottenburg«, der grausame Sex-Orgien gefeiert habe, entlarvt.

Auch der »Spiegel« füllte so seine Seiten und das von ihm konstatierte Sommerloch. Mit einem, inzwischen bei der Berichterstattung über solche Mordfälle schon bekannten, Trick gelang es ihm jedoch, seinen Lesern die identischen blutigen Details zu präsentieren und sich zugleich davon zu distanzieren. Indem er sich im typischen »Spiegel«-Jargon über die Art der Berichterstattung der Boulevardblätter mokierte, konnte er die lüsternen Sensationsschlagzeilen von »Bild«, »Morgenpost« usw. verwenden, aber durch die Zitatform gewissermaßen in »uneigentlicher« Rede, also in der Art einer Satire. Dieselbe Strategie hatten Presseorgane beispielsweise schon in den 1920er Jahren im Fall Haarmann eingesetzt.

Der Artikel mit dem bezeichnenden Titel »Fleisch dran« (28. Juli 1975) blieb allerdings eine Ausnahme in der »Spiegel«-Berichterstattung. Der Gerichtsreporter Gerhard Mauz bemühte sich in seiner Darstellung des Prozesses im folgenden Jahr dann um psychologisches Verständnis für die Taten, deren Ursache er in Honkas »verkrüppelter Biografie« sah, der an Alkohol, »den Grenzhelfer« jener zerstörten Lebensgeschichte in Richtung auf die Katastrophe, geraten sei. Der kleine, schmächtige Mann, dieses Zerrbild eines Gewalttäters, sei, nachdem ihn seine Opfer bis aufs Blut gereizt hätten, blindwütig losgebrochen in einer förmlichen Explosion der Verzweiflung eines Unglücklichen. Und (selbst)kritisch fügte Mauz hinzu, man habe den Fall im Vorjahr »hochpubliziert«, weil halt sonst nichts los gewesen sei (15. November 1976).

Wie es so häufig der Fall ist, wenn sie mit der Brutalität von Serienmorden konfrontiert werden, bemühten sich die Medien auch bei Fritz Honka darum, das Auflodern dieser erschütternden Bösartigkeit irgendwie zu erklären, um der scheinbar vollkommenen Absurdität der Taten doch noch eine gewisse Art von Sinn abzuringen. Ganz offensichtlich wäre der Riss im Firnis der Zivilisation zu tief, ließe man solche Akte der Grausamkeit unerklärt einfach für sich stehen. Andererseits reizt das Thema den Boulevardjournalismus zu sehr (und verspricht gerade in Zeiten des Sommerlochs Verkaufserfolge), als dass man es nicht ins Blatt heben müsste. Es waren drei Strategien der Darstellung und Deutung des Bösen, derer sich die Hamburger Printmedien im Sommer 1975 bedienten.

Honkas Hände: Das Schreckensbild vom Täter als Monster

Die »Bild-Zeitung«, meistgelesenes Presseorgan der Bundesrepublik und in Hamburg nur geringer Konkurrenz im Bereich des Boulevardjournalismus ausgesetzt, bemühte sich sehr darum, Honka zu einem furchterregenden Monster zu stilisieren. Das Schreckliche seiner Taten habe man schon an seinem Aussehen erkennen können. Mit dieser Meinung stimmte übrigens ein anderes Springer-Erzeugnis, die seriösere »Welt«, überein. Insbesondere an den deformierten Händen habe sich der entsetzliche, monströse Charakter des Mörders offenbart: »Das Schlimmste«, so wird die Ehefrau eines Nachtwächterkollegen zitiert, »waren seine ekelhaften Hände. Er hat riesige Fingernägel, die zu breiten Krallen nach vorn gewachsen sind.« (21. Juli 1975). Missgestaltet und riesig seien diese Hände, mit denen er seine Opfer erwürgt habe, mehr tierische Klauen, fast doppelt so groß wie bei einem normalen Menschen (22. Juli). Zur bildlichen Untermalung dieser sprachlichen Topoi zeigte die »Bild« Honkas Hände mehrfach auch in fotografischer Form, bezeichnenderweise aber stets allein – d. h. nie am Körper –, sodass der Leser hinsichtlich der wirklichen Größenverhältnisse auf die Aussagen der Reporter angewiesen blieb. Festzuhalten ist, dass der »Stern«, nachdem er zunächst ebenfalls die »riesigen« Hände bemerkt hatte, in einer späteren Ausgabe als einziges Blatt dieser Beschreibung direkt widersprach: Honkas Hände seien keine Pranken, wie es in den Zeitungen geheißen habe. »Das sind die normal großen Hände eines Handarbeiters.« (14. August).

Neben der äußeren Erscheinung wurde aber auch das Lebensumfeld des »Massenmörders von Altona« von der »Bild-Zeitung« als grotesk und monströs charakterisiert, sein Sexualleben als pervers: »Sex-Orgien, hemmungslose Saufgelage und erbarmungslose Schlägereien«, das sei das geheime Dasein des Nachtwächters gewesen. »Kurzsichtig, schielend«, wollte er mit brutaler Gewalt Frauen zur »lesbischen Liebe« zwingen. »Ein verschlossener Einzelgänger, primitiv, sadistisch veranlagt – ein Gefangener seines Triebes«. Unersättliche Gier nach älteren Frauen habe ihn getrieben – obwohl er eigentlich impotent gewesen sei, weswegen er auch nur Frauen ohne Zähne wollte; er habe Angst um seine »ohnehin geschwächte Männlichkeit« gehabt. In seiner Behausung, der »Folterkammer«, habe er dahinvegetiert (18. und 21. Juli). Aufschlussreich ist, dass die »Bild« in ihren Bemühungen, ihren Lesern eine wahrhaftige und nicht zu übertreffende Bestie zu schildern, für die selbst die eigene Schwester die Todesstrafe forderte, sogar eine Anspielung auf die deutsche Vergangenheit wagte: »Massenmörder Honka kam oft in Reithosen und Stiefeln und machte sich einen Kniff in seine Nachtwächtermütze«, wurden seine Auftritte in der Kneipe »Goldener Handschuh« ausgemalt, und dieser Aufzug habe nur einen Zweck gehabt: »Er wollte wie ein SS-Mann aussehen.« (19. Juli).

Mit dem Beginn des Prozesses gegen Honka veränderte sich die Charakteristik der Täterdarstellung in der »Bild« dann grundlegend: Dumm sei er nicht, der Angeklagte, wie er im Prozess auftrete, tierisch wirke er auf keinen Fall. Vielmehr wurde dem Leser jetzt der Anblick eines ganz und gar unauffälligen, scheinbar harmlosen Menschen dargeboten: »So stand er vor den Richtern: Honka ...: 1,68 Meter groß, schmal, schwarzer Anzug, weißes Hemd mit rotbrauner Krawatte, hellblaue Socken, hohe Absätze an den braunen Schuhen, das an der Stirn lichte schwarze Haar glatt zurückgekämmt, Bärtchen auf der Oberlippe und am Kinn. Manchmal mahlt er mit den Zähnen, manchmal schnalzt die Zunge an die künstlichen Schneidezähne.« (12. und 13. November

1976). Nur ein einziges Mal rekurrierte die Zeitung auf das im Vorjahr so vehement vorgetragene, eindringliche Bild vom Täter mit den riesigen und gefährlichen Pranken, wenn es nämlich hieß, dass der Angeklagte während des Plädoyers des Staatsanwaltes seine »großen Hände« zwischen den Schenkeln verschränkt halte (17. Dezember).

Nicht einmal Opferqualitäten sprach man dem kleinen Mann jetzt ab, dessen Jugend »furchtbar« gewesen sein müsse, der »von Männern missbraucht, von Frauen vergewaltigt« worden sei. Unterstützt wurden diese Sprachbilder von entsprechenden Fotografien aus dem Gerichtssaal, die einen Menschen zeigen, der ganz normal wirkt – und nicht im Geringsten deviant oder gar monströs. Diese verstärkte Sichtbarkeit des Angeklagten ist wohl auch der Grund für die gewandelte Darstellungsstrategie der »Bild-Zeitung«: Die Diskrepanz zwischen jetzt nachprüfbarer Erscheinung und der Schilderung in den ersten Tagen nach Aufdeckung der Taten – als Honka immer nur für wenige Augenblicke sichtbar wurde – war offensichtlich so erheblich, dass das ursprüngliche Bild schnell fallen gelassen werden musste. Andernfalls hätte man den Leser irritiert durch unüberbrückbare Dissonanzen zwischen dem, was er in den Zeitungen und im Fernsehen mit eigenen Augen sah, und dem, was ihm zuvor suggeriert worden war. Dieser Irritation verlieh sogar der Gerichtsreporter des »Abendblatts« Ausdruck: Man habe sich ja so sein Bild von ihm gemacht; man habe gehört von seinem »stechenden Blick«, von den »mächtigen Händen« und den »krallenartigen Fingern«. Nun sitze er in Fleisch und Blut vor einem. Eine Schreckensfigur etwa? Irgendwo vielleicht dämonische Züge? Dieser Fritz Honka wirke eher wie ein Männchen, wie irgendein kleiner Niemand (12. November).

Welchen Grund hatte die »Bild-Zeitung«, den kleinen, unauffälligen Honka zunächst zur reißenden Bestie, zum entstellten Monster zu stilisieren? Wenn Massenmedien den Serienmörder als ein Monster konstruieren, grenzen sie damit den Täter so weit wie möglich aus der menschlichen Gemeinschaft aus. Damit wiederum soll die Furcht der Öffentlichkeit vor solchen Taten eingedämmt werden, denn Serienmorde beschwören einen besonderen Schrecken herauf, aufgrund des für den normalen Menschen nicht zu verstehenden Motivs sowie ihrer Brutalität. Dieser Horror beschädigt die gemeinsamen Vorstellungen einer Gesellschaft darüber, was richtig und was falsch, gut und böse, denkbar und undenkbar ist. Im Fall des »Lustmordes« ist diese Verletzung des »kulturellen Geflechts« der Gesellschaft besonders verstörend. Die Berichterstattung der Presse (wie im Übrigen auch andere gesellschaftliche Reaktionen, z. B. der Prozess) bemüht sich nun darum, das kulturelle Flechtwerk als unbeschädigt vorzuführen.[25] Sie konstruiert einen Täter, der außerhalb des sozialen Werte-Koordinatensystems steht. Die Medien unterstützen die Gesellschaft, in der sie existieren, bei der Selbstversicherung, dass ihre Werte weiterhin Gültigkeit besitzen. Das gilt umso mehr für eine Gesellschaft, deren Überzeugungen ohnehin durch (in diesem Falle ökonomische und innenpolitische) Krisen in Frage gestellt werden.

Aber es ist wohl noch eine andere Furcht, der mit der Stilisierung des Serienkillers zur unmenschlichen Bestie begegnet werden soll: Die heimliche, uneingestandene Selbsterkenntnis, dass in jedem Mann ähnlich dunkle, beizeiten möglicherweise nicht zu kontrollierende Triebe schlummern könnten wie beim »Lustmörder«, die Angst also, selbst zum Täter zu werden.[26] Wenn demgegenüber der Übeltäter als ein bereits an seiner bizarren äußeren Erscheinung erkennbares Ungeheuer präsentiert wird, steht dahinter die Botschaft an den Leser: Er ist anders, fürchte dich nicht, du bist nicht wie er.

Diese Darstellungsweise zeigt deutliche Übereinstimmungen

mit älteren, biologistisch geprägten Verbrecherbildern. In der Abbildung und Erklärung, Kriminalität sei an körperlichen Makeln zu erkennen, finden sich unverkennbare Kontinuitäten zur Weimarer Republik und zum Nationalsozialismus. Nur die beschreibenden Attribute wurden ausgetauscht. Statt von »Minderwertigkeit« und »erblicher Belastung« war nun von »Perversion« und »Schwäche« die Rede. Und Bezeichnungen wie »primitiv« und »sadistisch« standen schon in den Artikeln zu Fällen aus den 1920er und 1930er Jahren. Daran wird die Langlebigkeit von nicht hinterfragten, typisierten Serienmörderdarstellungen sichtbar.

»Abgetakelte Nutten«: Mitschuld der Opfer?

Die Berichterstattung der »Hamburger Morgenpost«, der zweiten Hamburger Boulevardzeitung von allerdings weit geringerer Bedeutung und Leserschaft als die »Bild«, setzte sich deutlich von der ihres Konkurrenzblattes ab. Hier erschien Honka nicht als ein gefährliches, schreckenerregendes Monster. Vielmehr zeichnete man das Bild eines geistes- bzw. alkoholkranken und lebensuntauglichen Versagers. Zwar wies auch dieses Blatt auf die »großen« bzw. »übergroßen« Hände hin; es dominierten aber Kennzeichnungen wie »pflichtbewusster, biederer Wachmann«, »klein, schmächtig« sei er, mit einer »knolligen Nase« und »schielendem Blick«, letztlich nichts weiter als ein »Schwächling mit Augenfehler«, den die Kollegen ausgelacht hätten (18. Juli 1975).

In der Prozessberichterstattung – Honka hatte sich als Hamburger Lokalberühmtheit mittlerweile den Spitznamen »Fiete« verdient – kristallisierte sich diese Tendenz noch deutlicher heraus: Der Angeklagte wurde als »kleiner, unscheinbarer Mensch aus dem Hinterhof des Lebens« apostrophiert.

Im gleichen Tenor sind auch Zitate von Prozesszuschauern gehalten, die die »Morgenpost« brachte: Laut einer 20-jährigen Jurastudentin wirkte Honka klein und zerknittert; den Frauenmörder könne man ihm nicht ansehen; er sei wohl Alkoholiker und sexuell abnorm. Eine 63-jährige Rentnerin verwies auf die »schlechte Jugend« Honkas. Zudem habe er »als Mann« keine Ausstrahlung – eine bizarre Kategorie der Beschreibung eines mehrfachen Sexualmörders. Ein 21-jähriger Offsetdrucker fand Honka ruhig, fast sympathisch. Er sei schuldig geworden durch Alkohol, weshalb er in eine Heilanstalt gehöre, und wenn er gesund werde, müsse man ihn entlassen (11. und 18. November 1976).

Um die schrecklichen Taten begreiflich zu machen – und nicht zuletzt um sich von der in Hamburg übermächtigen »Bild« abzusetzen –, musste die Zeitung ihren Lesern ein anderes Erklärungsmuster als das des monströsen Killers anbieten. Dies geschah durch die Machart der Opferdarstellung, die sich in eine Form der Verunglimpfung hineinsteigerte. Grundsätzlich, wenn von den Opfern des Serienmörders die Rede war, fand das böse Wort von den »Fünf-Mark-Nutten« Verwendung, die dem »finstersten St.-Pauli-Milieu« entstammten. Doch das Blatt beließ es nicht bei einer allgemeinen Herabwürdigung der Getöteten und ihrer Lebensumstände. Detailliert wurden die Körper der Frauen als »klein, dick und schwammig, das Gesicht faltig, verlebt und vom Alkohol gezeichnet, die Haare strähnig, die rauchige Stimme als krächzend« bezeichnet. Dieser Anblick – es ging hier um die frühere Geliebte Honkas, die er zwar gequält, aber nicht getötet hatte – habe sogar die hartgesottensten Prozessbeobachter erschauern lassen. An anderer Stelle ist über ein Opfer als von einer »heruntergekommenen Dirne« die Rede oder von einer »Stadtstreicherin« und »Schnapsdrossel«, die es für fünf Mark mit jedem und überall getan habe: »Sie tat's sogar einmal mit vier betrunkenen Männern am helllichten Vormittag unter dem Bismarckdenkmal« (23. Juli 1975).

Auch der »Stern« stellte das Milieu und die Opfer in den Mittelpunkt seiner Deutung des Falles. Honka sei eben kein Teufel gewesen, kein eiskalter Lüstling, sondern ein »dumpfer, stumpfer ewig betrunkener Kerl, der von seinem miesen Leben zerschlagen war, der brutal zurückschlug«. Damit aber habe der Mörder sich kaum von den Gemordeten unterschieden, diesen »abgetakelten Nutten, die ebenfalls drohen, angreifen, zuschlagen wie Honka«. (24. Juli 1975). Dass Honka die Frauen getötet hatte, war in den Augen des »Stern«-Journalisten also eher Zufall. Die Morde, so muss man es wohl lesen, entsprangen einer verhängnisvollen Verstrickung von Täter und Opfern in einem Milieu der Aggression. Damit aber schlug die Zeitschrift einen Akkord an, den eher konservative Blätter weiterspielten und zur Grundlage ihrer spezifischen Erklärung der Taten machten.

»Die bösen Züge der Großstadt«: Konservative Zeitkritik

Auch das »Hamburger Abendblatt« bediente sich bei der Opferbeschreibung ähnlich herabwürdigender Bilder, wenn auch in einer weniger brutalen Diktion. Es schrieb über »abgetakelte«, »verderbte«, »heruntergekommene« und »hässliche Frauen«, »vom letzten Aufgebot, heraus aus der Blüte ihrer Jahre, labil und dem Trunk verfallen«. Die Zeitung verwendete diese Sprachbilder jedoch zur Herstellung eines anderen Zusammenhangs. Nur auf eine Weise schien man dem Leser verständlich machen zu können, wie es in der vom lokalpatriotischen »Abendblatt« so innig geliebten Hansestadt zu »Verbrechen dieser ungeheuerlichen Dimension« hatte kommen können: Indem nämlich das Blatt mit seiner Berichterstattung die Vorstellung von einem von der Stadt der normalen Menschen separierten »schrecklichen Milieu« konstruierte, »angesiedelt dort, wo die Großstadt Hamburg ihre bösen Züge trägt«, in einer »kaputten Welt«, die zum Jagdrevier Honkas geradezu prädestiniert gewesen sei.

Zunächst wurde, als Kontrastmittel, das Bild des schönen, liebenswerten und auch biederen Hamburg beschworen: »Mord in einer Stadt, in der die Bürger den Sonnenschein genießen, sich in den Freibädern tummeln, ihre Balkonblumen begießen. Plötzlich, von einer Stunde zur anderen, ist der freundliche Alltag zerrissen. Man ist mit dem Unfassbaren konfrontiert.« Dieses »Unfassbare« versuchte die Zeitung dann zu erklären, indem sie es auf die Einwirkungen eines suspekten, dem Lebenskreis des ehrbaren Abendblatt-Lesers ganz und gar entgegengesetzten Milieus und die Folgen des demoralisierenden Alkoholkonsums zurückführte: So las man über die berüchtigte Kneipe »Goldener Handschuh«, wo Honka den meisten seiner Opfer begegnet war: ›Freut Euch des Bieres‹ steht an der Fassade des Lokals am Hamburger Berg. Und die meisten, die hier ihr Bier trinken, haben wohl auch nicht viel mehr, woran sie sich freuen können. Junge Leute finden kaum herein. An rohen Holztischen sitzen ältere Frauen – grellgeschminkt und mit gefärbten Haaren; die Männer trinken aus der Flasche: Gläser gibt es hier nicht.« Über Ottensen schrieb das »Abendblatt«: »Was ist das für eine Gegend, wo die Straßen eng und die Geldbörsen der Menschen klein sind? Im Gängeviertel [man beachte die jedem Hamburger verständliche Anspielung auf ein verwahrlostes Milieu] von Ottensen kann man ihm begegnen, dem Januskopf des Wirtschaftswunders. Denn dort wohnen sie Wand an Wand, Deutsche, Griechen, Türken, Ausländer in einer Zahl, die dem einst ur-preußischen Altona den Beinamen ›Klein-Istanbul‹ eingebracht haben.« Hier wisse man alles oder nichts voneinander (18. Juli 1975). Letztlich sei das Milieu, in dem sich Täter und Opfer begegneten, auch ohne die Anwesenheit eines Mörders tödlich gewesen. Über eins der Opfer nämlich schrieb die Zeitung: Als sie zu Honka zog, habe sie »ohne es zu wissen – das langsame Sterben in den Kneipen zwischen ›Elbschloß-Keller‹ und ›Goldener Handschuh‹ mit einem raschen, gewaltsamen Ende in Ottensen vertauscht« (22. Juli). Der Täter erschien hier gleichsam nur mehr als Vollstrecker eines durch die verkommene soziale Umgebung und den Alkoholmissbrauch bereits vorgegebenen Todesurteils.

Nicht zu übertreffen waren die Milieuschilderungen einer besonderen Gattung von Zeitschriften, die allesamt aus dem Hamburger Heinrich Bauer Verlag stammten und Mitte der 1970er Jahre ihre Blüte erlebten: der Sex-Blättchen wie »Wochenend«, »Praline« und »Neue Revue«. Diese Zeitschriften schwammen mit auf der publizistischen »Sex-Welle«, genauso wie etwa die Filme des »Schulmädchen-Reports« (dessen 13 Teile, in denen späterhin prominente Darsteller wie Friedrich von Thun oder Heiner Lauterbach ihre ersten schauspielerischen Stehversuche unternahmen, über 100 Millionen Zuschauer in die Kinos gelockt haben sollen), und sie bedienten sich auch des gleichen Musters der Darstellung: Sie hatten einen dokumentarischen Charakter, um unter dem Deckmäntelchen scheinbarer Authentizität das Bedürfnis des Publikums nach erotischer Darbietung zu befriedigen. Dabei wurden insbesondere angeblich schockierende Missstände angeprangert. Das geschah einmal, um der nach Aufhebung des Pornografie-Verbotes in der Bundesrepublik 1973 auf die Dauer doch langweiligen Präsentation von Nacktheit und angedeutetem Koitus die Würze des Sensationellen zu verleihen – die Würze der Verführung von jungen Mädchen durch erfahrene Männer oder gar gewaltsamen Beischlaf. Zum anderen aber versprach das »Anprangern« von Not und

Übeln dem Zuseher den wohlfeilen Extranutzen einer moralischen Empörung, die den Genuss von schmuddeligen Filmen oder Magazinen geradezu zu einer staatsbürgerlichen Pflichterfüllung machte. In diesem Vorgehen unterschied sich die »Praline« im Übrigen kaum vom ehrenwerten »Abendblatt« (oder vielen Blättern des Viktorianischen London zur Zeit Jack the Rippers); diese waren nur eine Spur weniger drastisch in ihren Darstellungen.

Die Morde des Fritz Honka passten allzu gut in eine Zeitschrift (hier: »Wochenend« vom 7. August 1975), deren sonstiger Inhalt neben etlichen Nacktfotos aus bestürzenden Serien wie »Verzweifelte Frauen berichten über ihr Schicksal: Mein Mann ist Zuhälter«, »Der große Tatsachenbericht: Moderner Sklavenhandel mit deutschen Mädchen«, »Vergewaltigt – aber das Leben geht weiter« oder »Aus den Akten der Sittenpolizei: Frauen im Netz der Prostitution« bestand. Ein »Sonderreporter« wurde ausgesandt, um unter der Überschrift »Report des Schreckens: So grausam trieben es die Massenmörder« Informationen aus den »Dirnen-Lokalen im Hafen« einzuholen. Dort begegnete dem unerschrockenen Berichterstatter »Elsa Bartels«, betrunken, strähniges Haar, faltiges, aufgedunsenes Gesicht, glasige Augen, die auf einen Mann wartete: »Wie er aussieht, ist ihr egal. Was er von ihr verlangt, Sex in dunklen Hausfluren, abscheuliche Perversionen – sie wird es ihm gewähren. Vorausgesetzt, er zahlt ihr einen Schnaps und gibt ihr ein Fünfmarkstück.« Unfassbar sei es, empörte er sich, dass niemand Honkas Opfer in diesem Milieu vermisst habe.

Besonders detailliert aber berichtete die »Praline«, die sogar stolz behauptete, »alle Einzelheiten über Honkas Lustmorde, seine perversen Sexspiele und sein Doppelleben« bringen zu wollen. Ihr Reporter wagte sich noch weiter vor in den Sumpf, »wo Hamburgs St. Pauli am dunkelsten ist: in den

Seitenstraßen von Reeperbahn und Großer Freiheit. Dort, wo Frauen in schmierigen Kneipen warten, für Bier und Korn oder fünf Mark mit jedem ins Bett zu gehen: ausrangierte Dirnen, dick, alt, ungepflegt und aufgedunsen von Alkohol ...« Wie ein Jagdgefährte begleitete er in einer Rückblende den »zwergenhaften perversen« Honka: »Es war ein trister Abend, an dem Anni Wachtmeister die Geliebte des Mörders Fritz Honka wurde. Auf Reeperbahn und Großer Freiheit begann das brutale Geschäft mit dem Sex. Die Portiers der Strip-Lokale fassten die vorbeigehenden Männer am Ärmel, versprachen hinter vorgehaltener Hand gewagten Gruppensex und Selbstbefriedigung von rassigen Negerinnen auf offener Bühne. Vor einem plüschigen Stundenhotel (Zimmer 38 Mark) boten zwei minderjährige Mädchen einem Mann Gruppensex und lesbische Liebe: ›Für einen Hunderter machen wir es dir zu zweit.‹ Keine 20 Schritt von der Reeperbahn weg, im ›Elbschloß-Keller‹ in der Seitenstraße Hamburger Berg, warteten sie auf betrunkene Seeleute oder perverse Freier: die alten Dirnen aus dem Milieu, ›Heiermann-Nutten‹, Fünf-Mark-Dirnen, so heißen sie auf St. Pauli. Dort, im ›Elbschloß-Keller‹ oder gegenüber im ›Goldenen Handschuh‹ sitzen sie und trinken ihr Bier für 1,30 Mark aus der Flasche, legen dösend die Köpfe mit den strähnigen Haaren auf die Tischplatte, warten darauf, dass ein Betrunkener hereinkommt; ein farbiger Seemann, der für 5 Mark mit ihnen in den Hausflur nach nebenan geht: ›Wir machen dir einen im Stehen.‹ Ein Kopfschütteln des Mannes. Das nächste Angebot: ›Für einen Heiermann blasen wir dir den großen St. Pauli-Marsch...‹ Scham, Moral? Die können sie sich nicht mehr leisten, diese Dirnen.« (31. Juli). Erstaunlich mutet an, dass in der gleichen Zeitschrift, die auch mit dem Fotoroman: »Nackttänzerin Lola sucht ein neues Glück in Deutschland« glänzte, ein – zu diesem Zeitpunkt noch – allgemein für honorig gehaltener

Politiker wie der Ministerpräsident von Baden-Württemberg, Hans Filbinger (CDU), sich über die Notwendigkeiten der Terrorismusbekämpfung äußerte.

Auch der »Praline«-Mann musste natürlich seiner Abscheu über das Gesehene Luft machen, nachdem er seine Milieuschilderung auf einen fast schon satirischen Höhepunkt geführt hatte: »Hart und brutal geht es auch in der ›Snack-Bar‹ auf der Straße Vorsetzen direkt am Hafen zu. ›Titten-Bar‹ heißt die hässliche Bretterbude mit den blinden Scheiben und der abgeblätterten Holzfassade bei den Schauerleuten, seitdem zehn alte Dirnen ihre nackten Brüste für eine Runde auf den schmierigen Bartresen legten. Zwei Betrunkene torkeln mit halbvollen Bierflaschen durch den schäbigen Gastraum, lallen, lachen irre, grölen nach ›geilen Weibern‹. ›Kommt Jungs, wenn ihr 'nen Heiermann springen lasst und noch könnt, lässt euch die Irma mal ran‹, sagt eine aufgedunsene alte Prostituierte am wackeligen Holztisch, nimmt einen tiefen Zug aus der Bierflasche. Die anderen Frauen lachen, schrill, angetrunken. Widerlich! Sie gehören hierher wie der Schmutz auf dem Boden, die Bierlache: alte Dirnen, ausrangiert [...]. Frauen, die kein Zuhälter mehr haben will [...].« (14. August).

Auch hier ist wiederum nach den Gründen zu fragen, die die Zeitungen dazu bewogen, ihren Lesern gerade solche Bilder zu vermitteln. Bezüglich der Sex-Blätter ist dazu schon das Notwendige gesagt worden. Warum aber griffen auch ein linkes Boulevardblatt (die »Morgenpost« befand sich zu dieser Zeit noch im Besitz der SPD, Wolfgang Clement, später Ministerpräsident von Nordrhein-Westfalen und Minister in der Regierung Schröder, war ihr Chefredakteur) und eine eher konservative Abonnementszeitung zu derartigen Denunziationen der Opfer und Darstellungen des Milieus, in dem sich Täter und Opfer bewegten?

Diese Vorgehensweise will auf der einen Seite dem Schrecken des unergründlichen Motivs der Taten die Möglichkeit einer Erklärung entgegenstellen. Die lähmende Furcht des Publikums soll auf diesem Wege in schauderndes Interesse, das dem Verkauf der Blätter dient, transformiert werden. Solch eine extreme und eigentlich unlogische, auf sich oder die eigene Familie bezogene Furcht nach Verhaftung des Täters, rufen Serienmorde durch ihre besonderen Umstände hervor. In der Regel gibt es bei einem Tötungsdelikt eine nachvollziehbare Verbindung zwischen Täter und Opfer: Der Mörder kennt sein Opfer, ist häufig gar mit ihm verwandt, oder beide gehören zum kriminellen Milieu, von dem der Krimifreund weiß, dass Mord und Totschlag dort »normale« Umgangsformen sind. Der Serienmörder aber sucht seine Opfer fast immer nach Motiven aus, die für den gewöhnlichen Verstand nicht zu begreifen sind: Nie weiß man, wann er wieder auf »die Jagd« geht und wer seine Beute wird. Das bedeutet, dass niemand davor gefeit ist, sein Opfer zu werden. Und auch wenn der eine Mörder gefasst wird, scheint seine bloße Existenz die Möglichkeit des nächsten seiner Art zu beweisen; die Furcht überdauert den aktuellen Täter. Stellen nun aber Medien die Opfer als minderwertiges Leben dar und beschreiben ihre Umgebung so, als seien sie dort ohnehin todgeweiht gewesen, führen sie dem Leser den ganzen Schrecken der Taten als Horror aus einer anderen Welt vor, der ihn und seine Familie nicht betreffen könne und vor dem er sich folglich auch nicht zu fürchten brauche.

Als Versuch, das Publikum trotz des – freilich aus zweiter Hand – erlebten Grauens nicht zu verschrecken, indem man ihm vorführte, dass die Verbrechen zwar scheußlich, aber auf der anderen Seite nichts Neues gewesen seien, ist auch die Verwendung der ganz und gar herkömmlichen Bilder durch die sonst doch recht fantasievollen Boulevardblätter in der

Charakterisierung von Tat und Täter zu sehen. Beispielsweise bemühte man immer wieder den Vergleich zu Jack the Ripper – von dem die »Bild-Zeitung« zu wissen glaubte, er habe 1902 über 20 Frauen den Bauch aufgeschlitzt (24. November 1976), während es tatsächlich 1888 war, als der Übeltäter sein Unwesen im Londoner East End trieb und dabei fünf Frauen ermordete (eine makabre Fehlleistung der Redaktion war auch die Namensverwechslung im Fall Kürten, mit dem Honkas Mordtaten verglichen wurden: Statt richtig Peter Kürten, nannte ihn die »Bild« Dieter und gab dem »Vampir von Düsseldorf« damit den Namen des bekannten, aber vollkommen unbescholtenen Sportreporters.) Insgesamt muss man feststellen, dass die Klischees der Mordberichterstattung die gleichen gewesen sind, wie sie die Londoner Presse bereits ein Jahrhundert zuvor für Jack the Ripper verwendet hatte. Auch dort war schon die Rede gewesen vom Monster, das unstillbarer Blutdurst getrieben habe, oder von der Bestie hinter der Maske des Biedermannes. Die Leser konnten sich über die verkommenen Umstände, in denen lasterhafte Opfer ihren »Henker« erwartet hatten, gruseln. Im Fall des Fritz Honka griff die Presse mit ihrer Faszination für die vermeintlichen tierischen Pranken sogar auf ein Mörderbild aus der Weltliteratur zurück – das freilich für Jack the Ripper, der ja nie gefasst wurde und dem man deshalb Gesicht und Gestalt andichten konnte und musste, ebenso Verwendung gefunden hatte: Dem Körper des »Mr. Hyde«, des verderbten anderen Ich des gütigen »Dr. Jekyll«, so schreibt Robert Louis Stevenson, habe »das Böse den Stempel der Verunstaltung« aufgedrückt, auch seinen Händen sei die Bestie anzusehen gewesen.

Neben der Linderung des Schreckens gibt es auf der anderen Seite noch ein weiteres Motiv, Opfer eines Serienmörders und ihr Milieu in herabwürdigender Weise darzustellen – und zwar das Verlangen des Lesers nach Bestätigung seiner Moral und Lebensweise. Harry Pross drückt dies sehr treffend aus: »Das offenkundige Ordnungsverlangen der breiten Mitte« brauche nicht nur bindende kollektive Vorstellungen, sondern heute wie eh und je Randgruppen, um sich selber gerahmt zu sehen. Die gesellschaftliche »Mitte« befinde sich nicht nur zwischen oben und unten, sondern auch zwischen links und rechts. Dieses Bedürfnis stillten die Boulevardzeitungen. Sie bedienten die bewundernde Ausschau des beengten Lesers nach den Arrivierten, den Senkrechtstartern und den Übermenschen. Zugleich aber bestätigten sie dem konformen Leser, wie weit er es gebracht habe, wie ordentlich er selber lebe, durch hämische Berichterstattung über die Abstürzenden in die Unterwelt der Kriminellen und durch die schrecklichen Begebenheiten anderwärts: »Die Sensation der Grenzüberschreitung für die Eingegrenzten. Nervenkitzel für die weniger Sensiblen, Momenturlaube und Festigung der Gewohnheit«.[27]

Joachim Kroll, der »Menschenfresser von Duisburg«

Ein zweiter, ebenso höchst spektakulärer und in der Öffentlichkeit viel diskutierter Serienmordfall der 70er Jahre war der des Joachim Kroll, den die Medien nach seiner Festnahme 1976 »Menschenfresser von Duisburg« nannten. Im Gegensatz zu Honka, der in die Hamburger Folklore einging und dessen Name nicht nur dort nach wie vor bekannt ist, hat die Öffentlichkeit den ungleich blutiger waltenden Mörder Kroll jedoch weitgehend vergessen.

Der unauffällige Waschraumwärter

Im Sommer 1976 war es besonders warm. Die Menschen in Deutschland brüteten in der ungewöhnlich lang andauernden Hitze und suchten Abkühlung am Strand und in den Freibädern, wenn sie nicht die Leistungen der Athleten bei den Olympischen Spielen in Montreal am Fernseher verfolgten. Wie bei Honka im Jahr zuvor war es die gemeinhin nachrichtenarme Zeit des Juli, in die die Entdeckung einer besonders grauenerregenden Bluttat fiel.

Die Polizei kam dem Verbrechen während der Suche nach einem vermissten Mädchen in Duisburg-Laar auf die Spur: Nachbarn des Waschraumwärters Joachim Kroll hatten sich über ein verstopftes Abflussrohr beklagt. Den beiden Polizeibeamten, die auf der Suche nach dem verschwundenen Mädchen von Haus zu Haus gingen, erzählte ein Hausgenosse, Kroll habe ihm gesagt, dass er ein Kaninchen geschlachtet und dabei versehentlich mit den Innereien das Klo verstopft habe. Der herbeigerufene Klempner fand in der Tat Eingeweide, die jedoch nicht von einem Kaninchen, sondern von einem Menschen stammten. Ohne etwas abzustreiten, zeigte Kroll den Polizisten daraufhin seine Tiefkühltruhe. Dort lagerten Stücke von Menschenfleisch, und in einem Suppentopf in der Küche fanden sich noch die zerstückelten Gliedmaßen des vermissten Kindes.

Joachim Georg Kroll wurde 1933 in Hindenburg in Oberschlesien als eines von zehn Geschwistern in ärmlichen Verhältnissen geboren. Die Schule besuchte er nur fünf Jahre lang, verdingte sich danach als Knecht. Die Familie floh zum Ende des Krieges vor der anrückenden Roten Armee und blieb schließlich im Ruhrgebiet. Zeit seines Lebens wurde Kroll, dem Gutachter einen Intelligenzquotienten von 76 attestierten, als dumm und zurückgeblieben gehänselt. Erste geschlechtliche Erfahrungen machte der Junge, den Frauen offenbar zurückwiesen, mit Tieren. Kroll sagte später aus, dass er bei einem Schlachter gelernt habe, wie man Kühe und Schweine töte, und davon stark sexuell erregt worden sei. Das Erlebnis des Tötens und Ausweidens von Schweinen projizierte er in seiner Fantasie schließlich auf Menschen.

Während sich vor dem Haus eine neugierige und entsetzte Menge zusammenfand und die ersten Forderungen nach Lynchjustiz laut wurden, begann Kroll im Polizeipräsidium mit seinem Geständnis. In den folgenden zwei Wochen offenbarte er Mordtat um Mordtat – an insgesamt bis zu vierzehn Opfer erinnerte er sich zeitweise, mit einer Ausnahme alles Sexualdelikte. Später widerrief er allerdings seine Geständnisse. Nachgewiesen werden konnten ihm schließlich acht Morde: Zwischen 1955 und 1976 tötete er drei Frauen (19 bis 61 Jahre), vier Mädchen (4 bis 13 Jahre) und einen Mann.

Den ersten Mord beging Kroll 1955, kurz nach dem Tod seiner Mutter. Er erstach eine junge Frau und verging sich an der Leiche. In den nächsten 20 Jahren suchte er sich seine Opfer in der weiteren Umgebung seines Wohnortes. Aufgrund dessen und aufgrund der Verschiedenheit der Opfer und seines Vorgehens erkannte die Polizei nicht, dass sie es mit einem Serientäter zu tun hatte.

Erst drei Jahre nach seiner Verhaftung, am 5. Oktober 1979, begann der Prozess gegen Kroll vor dem Duisburger Landgericht. Ein versuchter und acht vollendete Morde wurden ihm zur Last gelegt. Nach schließlich 142 Verhandlungstagen fällte das Gericht dann nochmals zweieinhalb Jahre später das Urteil: Neunmal lebenslänglich. Die Richter rechtfertigten die dem Urteil zugrunde liegende Feststellung der Schuldfähigkeit des Mörders damit, dass sie Kroll zwar »schwere seelische Abartigkeit« attestierten, er jedoch keineswegs »willenloser Sklave seines Triebs gewesen« sei und auch anders habe handeln können. Der Täter sei »in überlegter Manier, gleichsam wie ein geschickter Jäger zu Werke gegangen«. Gerhard Mauz, Gerichtsreporter des »Spiegel«, scholt dieses Urteil »erbittert, ja verzweifelt«. Joachim Kroll starb im Juli 1991 in der JVA Rheinbach.

Der Fall Kroll und die Terroristen: Konkurrenten um die Aufmerksamkeit der Medien

Anders als bei Honka, musste sich der Fall Joachim Kroll die Aufmerksamkeit der Presse mit anderen Nachrichten teilen: Zum einen waren da die Olympischen Spiele, insbesondere aber konkurrierten zwei aufsehenerregende Meldungen aus dem Umfeld des Terrorismus mit den mörderischen Enthüllungen aus Duisburg auf dem Markt der Sensationen, in einem Jahr, das bis dahin den Höhepunkt terroristischer Aktionen weltweit und in Deutschland markierte. Am Montag, dem 5. Juli 1976, einen Tag, bevor sie sich mit Kroll zu beschäftigen begann, füllte die »Bild-Zeitung« ihre ganze Titelseite mit der Nachricht von der gelungenen Geisel-Befreiung aus einem entführten Flugzeug in Entebbe (Uganda) durch israelische Soldaten. Die palästinensischen Luftpiraten hatten unter anderem die Freilassung der in Deutschland inhaftierten Mitglieder der Baader-Meinhof-Gruppe erpressen wollen. Und am darauf folgenden Donnerstag machte das Blatt auf mit dem Ausbruch von »Baaders Terror-Mädchen«, den Terroristinnen Juliane Plambeck, Monika Berberich, Inge Viett und Gabriele Rollnick, aus ihrem Berliner Gefängnis. Die Story dominierte auch die folgenden Seiten, sodass für den Bericht über die Beerdigung des letzten Opfers Krolls nur wenig Platz auf der letzten Seite neben der Witzspalte blieb.

Das politische Magazin »Spiegel« fand – anders als im Jahr

zuvor bei Honka – an der Serienmordgeschichte von 1976 überhaupt nichts berichtenswert; dafür erschien das Blatt zu dieser Zeit zweimal mit Titelblättern, die den Terrorismus zum Thema hatten. Erst das Urteil im Prozess 1982 war ihm einen Beitrag wert. Auch die »Quick« (aus dem Heinrich Bauer Verlag), zu dieser Zeit eine vielgelesene Illustrierte, informierte, trotz der ständigen Sparte Kriminalität, gar nicht über diesen Fall. Der »Stern« schließlich brachte nur den kurzen Artikel eines Medienkritikers, der die Berichterstattung des Boulevards über Kroll aufs Korn nahm (22. Juli 1976).

Durchbrochenes Tabu: Der »Kinderschänder« und »Menschenfresser«

Die besonderen Umstände des ersten Leichenfundes bewirkten, dass die Boulevardblätter sogleich eine sensationalisierende Charakterisierung des Festgenommenen zur Hand hatten: Die »Bild« titelte am 6. Juli, neben einem großen Foto des Opfers mit Pippi-Langstrumpf-Zöpfen und geblümtem Kleidchen: »Dieses kleine Mädchen erwürgt, zerstückelt und gekocht«. Weiter hieß es, man habe es mit dem grauenvollsten Kindermord in der deutschen Kriminalgeschichte zu tun. Man machte Kroll zum »Kindesmörder und Menschenfresser«. Vor allem Letzteres wurde zur Standardbezeichnung, die die Redaktion auch zur Überschrift einer elfteiligen Serie wählte, in der die Hintergründe der Verbrechen aufgeklärt werden sollten.

Mit dem Rekurs auf das am tiefsten sitzende Tabu der abendländischen Zivilisation, das Verbot der Anthropophagie (des Kannibalismus), hatte die »Bild-Zeitung« eine nicht zu überbietende Stigmatisierung des Mörders Kroll gewählt. 1924 hatte die Presse Fritz Haarmann gleichermaßen mit dem Attribut des Menschenfressers belegt und verteufelt. Deutlicher konnte man niemanden aus der menschlichen Gemeinschaft aussondern: Kroll, äußerlich derart unscheinbar, dass niemand wie bei Honka versuchte, die Bestialität seiner Taten aus seiner Gestalt abzuleiten, war nach Aussage der Boulevardjournalisten ein »Monster« und »Unmensch«. Diese Charakterisierung suchte die »Bild« mit ihren weiteren Berichten zu untermauern.

Das äußerte sich einmal in der im Zusammenhang mit Kroll verwendeten Begrifflichkeit. Er hieß neben »Menschenfresser« nur »Sonderling«, »Massenmörder«, »Monstrum«. Das Blatt fragte, ob Kroll zur Tatzeit überhaupt ein Mensch gewesen sei. Diese Darstellung Krolls versuchte man durch Zitate des Täters zu verstärken: Im ersten Artikel stand beispielsweise: »Das Fleisch von dem toten Kind hat nicht geschmeckt. Ich habe es eingefroren, weil ich es später noch einmal probieren wollte.«

Das Bild des ganz und gar perversen Scheusals vervollständigten die Schilderungen der Lebensumstände und die Vermutungen bezüglich der Triebfedern seines Handelns, wobei Kroll fast bis zur Lächerlichkeit karikiert wurde. Anschaulich malte die Zeitung eine »Tanzstunde beim Massenmörder Joachim Kroll« aus, ganz so, als wären die Redakteure dabei gewesen: »Der hässliche Mann mit der Stirnglatze und dem fliehenden Kinn presste eine lebensgroße Sexpuppe an sich. Vom Plattenspieler dröhnte Egerländer Polkamusik. Der Mann hüpfte mit seiner aufblasbaren, nackten Bettgefährtin über den Korridor des Männerwohnheims in Duisburg.« Dazu lieferte »Bild« Fotos einer Sexpuppe und der Messersammlung aus Krolls Küche, in der er immerfort Fleisch gekocht habe. Die Rede war auch von seiner lebensgroßen Kinderpuppe, die er einerseits würgte, wobei er sich vorstellte, sie sei ein wirkliches Kind, und die er andererseits einmal wegen des kalten Wetters wärmer angezogen habe. Sei dies nun eine Geschichte zum Lachen? »Nein. Sie beweist nur, wie krank, wie pervers, wie verrückt der Kroll doch war.« Krolls Abartigkeit meinte die »Bild« weiterhin damit belegen zu können, dass sie schrieb, er habe in seiner dunklen kleinen Wohnung – in der er Berge von Perücken und Damenwäsche: Slips, Büstenhalter, Strumpfhosen, Strapse, hortete – gekocht, geputzt und gebügelt wie eine geschickte Hausfrau (10. Juli 1976).

Über seine Zeit als Knecht wussten die Journalisten, Kroll sei ein langsamer Arbeiter gewesen, weswegen es Krach mit dem Bauern gegeben habe. Neben seiner Faulheit, die ihn fast als »arbeitsscheu« – man beachte die nationalsozialistische Diktion – erscheinen ließ, wurde selbst in den Geschichten über Krolls früheres Verhalten sexuelle Perversion herausgearbeitet. Ein auskunftsfreudiger damaliger Kollege ließ sich gegenüber den Blattmachern aus: »Einmal sind wir uns auch kräftig in die Haare gekommen. Wir schliefen zusammen in einem Zimmer; unsere Betten standen einen Meter auseinander. Der Jockel (Krolls Spitzname) befriedigte sich jede Nacht. Ich konnte nicht schlafen, weil er immer so wild rummachte. Ganz verrückt war er immer, wenn er tagsüber Paarungsakte beim Vieh beobachtet hatte. Als er sich zum ersten Mal an unsere Magd heranmachte, knallte sie ihm eine ...« (12. Juli). Kroll wäre demnach schon immer sexuell abartig gewesen, nach Gründen für sein Verhalten musste gar nicht erst gefragt werden.

Und da die Darstellung der Verbrechen und der Abartigkeit seines Lebens der Zeitung offensichtlich noch immer nicht genug war, fragte sie: »Noch 21 Morde?« Ähnliche Vermutungen, als ob die festgestellte Opferzahl nicht hinreiche, waren übrigens auch über fast alle anderen deutschen Serienmörder angestellt worden. Ferner sei Kroll dringend verdächtig, die Gräber seiner Opfer geschändet zu haben, und – was immerhin bedeutend genug erschien, um auf der Titelseite als Schlagzeile erwähnt zu werden: der Menschenfresser habe Hunde geschlachtet (12. Juli).

Es gab noch weitere Mittel, mit denen man sich bemühte, den Charakter Krolls zu erhellen, was freilich in erster Linie hieß, ihn als Unmenschen abzustempeln. Man führte ihn als trotz seines augenscheinlichen Irrsinns eiskalten und überlegten Täter vor; dieser Einschätzung schloss sich auch das Gericht an – gegen die ausdrückliche Meinung zweier Prozess-Sachverständiger.

Entgegen der Beschreibung Krolls als gerissenen Mörder durch den Richterspruch legte die Presse in aller Breite Belege für die Dummheit des Verbrechers, seine Eitelkeit und dann auch noch seine Verfressenheit vor. Sein nimmersatter Appetit lasse ihn in der U-Haft ständig nach etwas Essbarem verlangen: Den Speiseplan des »Menschenfressers« beschrieben die Boulevardblätter ausführlich, worüber sich wiederum Otto Köhler im »Stern« mokierte. Die Ernährung eines Serienmörders in der Haft ist im Übrigen ein immer wiederkehrender Topos der Boulevard-Berichterstattung. Ob es Haarmanns Harzer Käse war, Bartschs »Riesenportion Hackbraten mit Kartoffeln« oder Krolls Leberwurstbrote: Stets informierte man die Leser ganz genau darüber, was und in welchen Mengen der Unhold aß. Von offizieller Seite wurde Kroll zum durchtriebenen Killer stilisiert, während der Boulevard aus ihm das Zerrbild eines irren Perversen machte. Indem sie ihn bis zur Parodie verspottete, betrieb die Presse den erfolgreichen Versuch, Krolls Taten den Schrecken zu nehmen.

Mehr noch als seine Dummheit und Eitelkeit wurde seine Gefühlskälte betont. Nicht nur in der Tatausführung, sondern vor allem danach habe man Kroll keine Gemütsregung anmerken können. Das wiederum deutete laut »Bild-Zeitung« darauf hin, dass Kroll keine menschliche Empfindung gegenüber seinem Tun hege, kein Gewissen, keine Scham, keine Reue sei zu erkennen. Als ihn ein Kriminalbeamter bei der Vernehmung gefragt habe, ob er nicht mit einem Pfarrer sprechen wolle, habe er »losgegluckst«: »Was soll ich denn mit dem?« Gar nicht mehr beruhigen habe er sich können, immer wieder gealbert: »'n Pfarrer, Pfarrer. Ha, ha, ha.« (19. Juli 1976). Auch mit diesem Aspekt stellte das Blatt Kroll außerhalb der empfindenden und zum Mitleid fähigen normalen Menschheit.

Schließlich sei noch erwähnt, dass die »Bild-Zeitung« sich wiederum erkühnte, durch einen Vergleich mit NS-Tätern die Stigmatisierung des Mörders zum Monster bis ins Äußerste zu treiben. Sie zitierte den Standpunkt des Psychiaters Dr. Friedrich Jahn, dass auch die Massenmörder des »Dritten Reiches« wie Kroll ursprünglich ganz normale Menschen gewesen seien (23. Juli).

Erklärungsversuche: Die angeborene Perversion des »Kinderschlächters«

Was aber bewog den »Massenmörder« zu seinen Untaten? Auch hierüber wusste die Zeitung Bescheid: Hass auf alle Frauen und perverse Träume vom Töten, »das waren die Triebfedern des Kinderschlächters«. Weiter führte »Bild« aus: Seit er einmal Sex mit einer geschlechtskranken Frau gehabt habe, hege Kroll Ekel gegenüber »Weibern«. Und dann sei da auch noch dieses Schlüsselerlebnis aus seiner Jugend: »Oft habe ich zugesehen, wie Schweine geschlachtet wurden. Von da an malte ich mir aus, wie ich einen Menschen zerlege.« (6. Juli 1976). Gewöhnliche Tätigkeiten seien also die Auslöser für Krolls Mordtaten gewesen (12. Juli). Dies konnte nur durch die ihm innewohnende Perversion und Abartigkeit erklärt werden. Kroll wurde in die Tradition der geborenen Verbrecher eingeordnet, die unweigerlich ihren finsteren Instinkten nachgeben müssten. Auch hier sind Kontinuitäten mit sehr viel älteren Verbrecherbildern unübersehbar.

Unnachahmlich illustrierte Franz Josef Wagner die Szenerie: Kühe hüten und melken, Schweinestall ausmisten, beim Schweine- und Hammelschlachten helfen; das seien Krolls Aufgaben als Knecht gewesen. Notwendige Bauernarbeiten, und doch hätten sie seinen unheimlichen Trieb erwachen lassen: »Vom Blutrühren, Fleischzerteilen, Knochendurchhacken ist er sein Leben nicht mehr losgekommen. Nur waren es zum Schluss keine Tiere mehr, kleine Menschen waren es. Kinder: vier, fünf Jahre alt.« Er schlachtete in seiner Wohnung Hunde, Kaninchen, und, »so gräßlich es klingt [aber kein Grund, es nicht doch niederzuschreiben und dabei den vollen Namen des Opfers zu nennen], auch die kleine Marion ..., dieses nette, kleine vierjährige Mädchen aus dem Nachbarhaus«. Viel hatte sich verändert seit dem Prozess gegen Werner Boost 1959, als die Düsseldorfer »Spätausgabe« über einen Tag vor Gericht schrieb: »Es wurde – wie es im Volksmund heißt – ganz kräftig ›schmutzige Wäsche‹ gewaschen. Im Vertrauen auf den guten Geschmack unserer Leser glauben wir, nicht mitwaschen zu müssen ...« (7. Dezember 1959). Damals hatte sich auch die gesamte Presse an die Bitte des Gerichts gehalten, die überlebenden Opfer eines Überfalls nicht beim vollen Namen zu nennen, weil sie zwar verheiratet waren, als sie zusammen im parkenden Auto saßen, aber eben nicht miteinander. Die »Bild-Zeitung« kannte 1976 eine solche Zurückhaltung nicht mehr.

Anlässlich seiner Darstellungen des Unmenschen bezog Franz Josef Wagner auch gleich Stellung in der Diskussion, wer schuld sei an den Taten des Mörders: Müsse man etwa eine Mitverantwortung seiner offenkundig vollkommen unzureichenden Erziehung in Rechnung stellen? Müsse man sich damit unter Umständen Gedanken beispielsweise darüber machen, wo es fehlerhafte gesellschaftliche Entwicklungen gebe, die reformiert gehörten, um derartige Untaten zu verhüten? Im Gegenteil, schrieb Wagner, und meinte damit: Alles sei richtig gelaufen, nichts hätte etwas ändern können. Krolls Mutter sei »anständig, fleißig und fromm« gewesen, »fleißig und geachtet« auch der Vater. »Abgerackert haben sich die Eltern, auch dafür, dass ihr Sohn Joachim einen schwarzen Sonntagsanzug bekam, glänzende schwarz Schnürschuhe und ein Gebetbuch mit Goldschnitt.«

Der Mörder und Menschenfresser Kroll musste infolgedessen als eine Art boshafte, wenn auch extrem seltene Laune der Natur verstanden werden, ein Individuum, das trotz normaler Voraussetzungen zum Monster mutiert sei. Dass man allein dem Täter die volle Verantwortung für seine Taten zuwies – und ihn als unmenschliche Bestie ausgrenzte –, war spätestens seit dem Fall Jürgen Bartsch zu einer Art Kampfbanner konservativer Interpreten geworden. Die damals angestellten und letztlich erfolgreichen Versuche moderner Strafrechtler und Sexualwissenschaftler, die unwiderstehliche Getriebenheit des Angeklagten als prozessrelevant zu berücksichtigen und nach den Gründen dafür auch in der Erziehung zu suchen, provozierten ein umso strikteres Festhalten an der Anschauung von der Alleinschuld des Täters. Denn damit konnte man die Familie als Hort der rechten Werte und am Ende die Gesellschaft entlasten. Im Fall des Joachim Kroll verbreitete die »Bild« diese Botschaft in aller Deutlichkeit an ihre Leser: Wir, die Gemeinschaft der normalen Menschen, tragen keine Schuld am Auftreten des Monsters, das durch jede seiner Lebensäußerungen erwiesen hat, nicht zu unserer Gemeinschaft zu gehören.

Blonder »Sonnenschein«:
Die Unschuld der weiblichen Opfer

Der nicht mehr zu übertreffenden Abartigkeit Krolls – den man der Öffentlichkeit als Grabfrevler, Sodomisten, Tierquäler, Kinderschänder und -mörder sowie als Menschenfresser präsentierte – stellten die Boulevardblätter das Bild der unschuldigen und liebenswerten Opfer gegenüber. Die »Bild-Zeitung« versuchte zunächst einen persönlichen Bezug zwischen Leser und Opfern herzustellen, indem sie die Namen und Fotos der Opfer druckte. Interessanterweise zeigte man keine Aufnahme des einzigen männlichen Getöteten; wie es scheint, passte ein Mann nicht in die Darstellungsstrategie von den reinen und hilflosen Opfern. An der Zusammenstellung der Fotostrecken lässt sich der Modus der Opferbeschreibung besonders deutlich erkennen: Die Ermordeten (namentlich die kleinen Mädchen) erschienen durchweg als besonders liebenswert und unbefleckt, indem man sie etwa im Blümchenkleid lachend beim Spielen abbildete. Dazu kamen beispielsweise Aufnahmen der Stofftiere – man beachte den ausgeprägten Kontrast zwischen dem reizenden Kinderspielzeug und den schauerlichen Puppen Krolls, die wenige Tage zuvor gezeigt worden waren. Schließlich leisteten die verwendeten sprachlichen Bilder ihren Beitrag, wenn etwa die verniedlichenden Rufnamen genannt und die Mädchen als »Sonnenschein«, »immer fröhlich und lieb« oder »süß und nett« bezeichnet wurden oder man die Trauer und den Schmerz ihrer Familien herausstellte (6., 14. und 17. Juli 1976).

Ganz anders als im Fall Honka also, in dem man die Opfer herabgewürdigt hatte und für mitschuldig an den an ihnen verübten Taten erklärte, wurde hier der Kontrast zwischen der perversen Welt des Mörders und der unverdorbenen der Opfer besonders akzentuiert. Während im Fall Honka die

Betonung des sündhaften Milieus von Mörder und Gemordeten dazu diente, den Schrecken der Taten im Auge des Betrachters abzumildern, indem man ihm eine fremde, ihn nicht betreffende Welt vorführte, verdeutlichte die hervorgehobene Diskrepanz zwischen Täter- und Opferbild im Fall Kroll die monströse »Entartung« des Verbrechers, bei dem alle Anzeichen belegten, dass der Täter außerhalb der menschlichen Gemeinschaft stehe. Folglich dürfe sich der Leser zwar erschrecken über das, was er sah, müsse sich aber nicht davor fürchten, dass sein kulturelles Sinngeflecht, sein Wertekanon, seine Vorstellung über Normalität und Gut und Böse ernsthaft beschädigt worden wären.

Dazu trug ebenfalls bei, dass Krolls Mordtaten als höchst seltenes Phänomen hingestellt wurden (diesmal bemühte man nicht den allgegenwärtigen Jack the Ripper oder einen anderen historischen Serienmörder; einzig der Fall Haarmann lasse sich zum Vergleich heranziehen). Krolls Einzigartigkeit wurde gewissermaßen als Unfall der Natur und unglücklicher Zufall hingestellt. Andere Erklärungsansätze für seine als angeboren dargestellte Abartigkeit hätten in diesem Zusammenhang nur gestört. Die physische Austreibung des Täters aus der Gemeinschaft – durch seine Verhaftung, Verurteilung und lebenslängliche Verwahrung – würde, so suggerierten die Medien ihren Konsumenten, die schmerzhafte Wunde in der allgemeinen Befindlichkeit rasch und ohne Narben zu hinterlassen schließen.

Gegensätze und Ähnlichkeiten: Der Serienmörder in den Medien der 1970er Jahre

Lassen sich trotz der Unterschiede der Fälle Gemeinsamkeiten in der Berichterstattung über Kroll und Honka konstatieren? Zeitungen aus dem konservativen weltanschaulichen Lager bedienten sich zuallererst einer Ausgrenzungsstrategie: Dem Serienmörder wurden menschliche Eigenschaften ab- und dafür Charakteristika eines Monsters zugesprochen. Die solcherart konstruierte Bestie schien außerhalb der Regeln der zivilisierten Gemeinschaft zu stehen, die deshalb durch sein furchtbares Tun im Grundsatz nicht berührt wurden. Dies geschah im Fall Honka durch die Darstellung als körperlich deformiertes Wesen, insbesondere seiner Hände. Das auf diese Weise generierte Bild war so wirkungsvoll, dass es noch jüngst in einer Folge der ARD-Fernsehreihe »Die großen Kriminalfälle« bemüht wurde,[28] obwohl Journalisten ihm bereits zur Zeit des Prozesses widersprochen hatten. Kroll hingegen erschien als Ungeheuer, weil man ihn als »Menschenfresser« kennzeichnen konnte und ihn damit als des abscheulichsten Tabubruches überhaupt für schuldig befunden hatte. Dazu kam, dass man die Täter zwar als pervers, nichtsdestoweniger aber für ihre Morde voll verantwortlich erklärte.

In diesem Punkt widersprachen linksliberale Medien wie der »Spiegel«; sie bemühten sich vielmehr darum, die Entstehung der Taten aus dem Vorleben (vor allem der Kindheit und Jugend) und der Umgebung des Täters zu deuten. Insbesondere aber bemühten sich die Presseorgane aus diesem Bereich des politischen Spektrums zu belegen, dass man den Täter nicht als voll schuldfähig einstufen dürfe. Gerhard Mauz, seit dem Bartsch-Prozess der engagierteste Vertreter einer solchen Berichterstattung, schrieb über das Urteil gegen Kroll: »Eine Rechtsprechung, die auch den aufs schwerste gestörten Angeklagten Steuerung und Verantwortung zuspricht, bewahrt und fördert ein lebensgefährlich falsches Bild vom Triebtäter. [...] Wir fürchten uns in der falschen Richtung, solange wir Täter wie Joachim Kroll für Mörder halten, die ihre Taten auch hätten unterlassen können.« (19. April 1982).

Und was die Darstellung der Opfer anging: Auch wenn sich die verwendeten Bilder in beiden Fällen grundsätzlich unterschieden – einmal wurden die Ermordeten als »Fünf-Mark-Nutten« diffamiert, zum anderen als geradezu engelsgleiche Unschuldige verklärt –, dienten sie paradoxerweise letztlich doch der gleichen Ausgrenzungsstrategie als Mittel zum Zweck: Nur dass man auf der einen Seite die Opfer gleich mit ausklammerte, während man sie in der Berichterstattung über Joachim Kroll dazu benutzte, diesen umso eindrucksvoller als Unmenschen zu brandmarken.

Die konservative Zeitkritik, wie sie etwa die Abonnementszeitung »Hamburger Abendblatt« im Fall Honka übte, spielte bei den Boulevardblättern keine Rolle. Ganz im Gegenteil zielten sie darauf ab, Befürchtungen angesichts ringsum aufkeimender Ungewissheiten zu besänftigen, die mit der veränderten politischen Situation der 1970er Jahre auch die Deutschen aus der Geborgenheit ihrer vormals für beständig geglaubten, auf Sicherheit bedachten Weltsicht rissen. Es war letztlich die gleiche, sich im Grunde widersprechende Aufgabe, vor die sich die Boulevardjournalisten unterschiedlicher Couleur gestellt sahen: Nämlich die Serienmorde von Hamburg und Duisburg auf der einen Seite höchst spektakulär aufzubereiten, um im täglichen Konkurrenzkampf am Kiosk die Oberhand zu behalten. Deshalb wetteiferten die Redaktionen auch darum, möglichst viele der blutigen Details der Taten (und wenn es nicht anders zu gehen schien, auch Spekulationen über Tatumstände und -motive) in ihre Blätter zu hieven. Auf der anderen Seite aber durften die Leserinnen und Leser nicht verschreckt und ihre Ansichten nicht grundsätzlich in Frage gestellt werden.

Zwischen Opferperspektive und Superstar-Status – Gegensätzliche Bilder vom Serienmörder in den 1980er und 1990er Jahren

Das Opfer im Fokus: Deutsche Sonderwege der Berichterstattung

Seit den 1980er Jahren nahm die Berichterstattung über Serienmorde in Deutschland eine eigentümliche Richtung an, die sich vor allem deutlich von der Berichterstattung in den USA und Großbritannien unterschied. Noch immer fanden auch hierzulande derartige Taten breiten Raum in den Nachrichtenmedien; in den USA hingegen brach eine regelrechte Serienmörder-Hysterie aus, von staatlichen Stellen bewusst durch die Angabe fantastisch überhöhter Zahlen über aktive Serienmörder befördert. Insbesondere das FBI, dessen »Profiler« wie Robert Ressler und John Douglas zu öffentlichen Figuren und Bestsellerautoren wurden, tat sich dabei hervor. Dieser Besessenheit entsprangen dann, zum Ende des Jahrzehnts, auch die literarischen und filmischen Superstar-Serienmörder – auf die damit vermittelten Bilder und ihre Rezeption in Deutschland wird noch einmal zurückzukommen sein.

In der Bundesrepublik entwickelte sich davon abweichend eine Tendenz der Darstellung, die weniger die Persönlichkeit des Täters als vielmehr das Leiden der Opfer in den Mittelpunkt stellte. Während man sich also in den 1960er und 1970er Jahren vorwiegend bemüht hatte, die Psyche des Mörders auszuleuchten und dem Ursprung der Taten in seinem sozialen Milieu oder seiner Herkunft – je nach politischer Grundhaltung – nachzuspüren, wobei manchmal die Opfer nicht mehr wahrgenommen wurden oder gar der Täter selbst zum Opfer mutierte, verschoben die Journalisten ihren Fokus jetzt auf die Leidtragenden von mörderischer Gewalt. Infolge dieses Kurswechsels nahm auch die Bedeutung der Opferzahl eines Täters stark ab und damit einhergehend die Besonderheit des Serienmörders: Der früher so beliebte »Bodycount«, der die Presse stets dazu verführt hatte, immer von noch mehr Toten auszugehen, sie förmlich herbeizuwünschen, um die Sensationswirkung eines Falles hochzutreiben, spielte kaum noch eine Rolle. Er wurde abgelöst vom nicht weniger makabren Abwägen der Medienwirksamkeit eines Opfers, die beispielsweise vom Alter abhing und davon, ob es sich um ein Sexualverbrechen handelte, mit anderen Worten davon, wie sehr der ermordete Mensch gelitten hatte und wie stark das Publikum mitleiden konnte. Auch optisch blieben Mordfälle an Kindern, wie etwa an »Jennifer« oder »Tom und Sonja«, haften, die die Medien über Wochen im Bewusstsein der Bevölkerung verankerten und die dementsprechend emotionale Reaktionen hervorriefen.

Das soll jedoch nicht heißen, dass die sattsam bekannten Attribute, mit denen Serienmörder seit Jack the Ripper belegt worden waren, keine Verwendung mehr fanden: Von Thomas Holst, dem »Heidemörder«, bis Wolfgang Schmidt, der sich mit »Bestie von Beelitz« und »Rosa Riese« gleich zwei Spitznamen verdiente und der als erster gesamtdeutscher Serienkiller seit Rudolf Pleil in die Annalen eingeht, wiederholte die Presse ebenso geduldig wie ideenarm jedes Stereotyp. Diese Bilder aber waren im wahrsten Sinne des Wortes Klischees geworden, immer wieder eingesetzte, erstarrte Vorlagen. Neue Facetten entstanden seit Fritz Honka und Joachim Kroll nicht mehr. Mühelos wären Täterbeschreibungen der »Bestien« aus unterschiedlichen Jahrzehnten gegeneinander auszutauschen.

Mit der veränderten Berichterstattung und dem deutlichen Opfer-Fokus gingen Rufe nach immer härterer Bestrafung der Täter einher: Auch in der Serienmörder-Berichterstattung zeichneten sich klar das Ende der reformorientierten Jahre und die konservative Wende der Ära Helmut Kohl ab. Die Unwirksamkeit aller Versuche der Besserung oder gar Heilung von Serienmördern habe sich hinreichend erwiesen und wurde beharrlich und bei jedem Vorkommen einer Straftat nach der Entlassung aus der Psychiatrie oder gar während eines Freigangs aufs Neue kolportiert. Angesichts der prekären Lage der öffentlichen Kassen verwies man zudem auf die damit verbundenen Kosten – der Schutz der Öffentlichkeit habe vorzugehen gegenüber Resozialisierungs-Bemühungen. Jedem Politiker, der lebenslanges Wegsperren als probates Mittel anpries, gewährte die große Mehrheit der Medien Raum, um solcherart Populismus zu verbreiten.

Ronald Schill forderte als Vorsitzender der neugegründeten Schill-Partei beispielsweise im August 2001 im Hamburger Bürgerschaftswahlkampf, rückfällige Sexualstraftäter nur nach einer Kastration aus der Haft zu entlassen. Derlei Forderungen verdankt er unter anderem seinen großen Wahlerfolg – von Oktober 2001 bis August 2003 war er Innensenator in Hamburg. In Bayern wird zur Zeit eine Gesetzesinitiative vorbereitet, die die Verhängung von Sicherungsverwahrung auch noch während der Strafverbüßung zulassen will. Gegenstimmen zu erheben, wäre und ist im Sinne der Fortführung einer politischen Karriere sehr riskant; es unterblieb folgerichtig auch. Festzuhalten bleibt: Die Veränderungen der Berichterstattung waren zu nützlich, als dass sie zufällig hätten sein können; ein Großteil der Medien ließ sich vielmehr gerne von einer Politik instrumentalisieren, die das Heil in verschärften Repressionsmaßnahmen zur Erhöhung der inneren Sicherheit sah. Und der furchtsame Bürger, voller Abscheu vor dem Kriminellen, ist ein pflegeleichter Kunde solcher Politik. In den USA gaben Regierungsstellen zu diesem Zweck drastisch übertriebene Zahlen von Serienmorden heraus; in Deutschland setzte man darauf, mit Abbildungen vom Leiden der Opfer Angst und Ressentiments heranzuzüchten.

Zum Wandel der journalistischen Perspektive trug wesentlich auch das bei, was man die Boulevardisierung der Presseberichterstattung über Serienmörder nennen kann. Gisela Friedrichsen, Gerichtsreporterin des »Spiegel«, registrierte in ihrem Beitrag zum Symposium »Alltagsvorstellungen von Kriminalität«, das 2002 vom Max-Planck-Institut für ausländisches und internationales Strafrecht veranstaltet wurde, insgesamt eine »Emotionalisierung der Kriminalberichterstattung«. Friedrichsen schreibt: »Es ist festzustellen, dass die Medien bei Verbrechensdarstellungen einerseits einen durch Mitgefühl verschleierten Voyeurismus betreiben und andererseits den Wunsch der Menschen nach einem Zusammengehörigkeitsgefühl innerhalb der Gesellschaft bedienen (›Aufstand der Anständigen‹).« Das Erzeugen von Mitleid und die Aufrechterhaltung des gesellschaftlichen Wertesystems traten noch mehr als bisher in den Vordergrund der Berichterstattung, Analysen des Motivs und Fragen nach der Entwicklung einer Täterpersönlichkeit hätten dabei nur gestört. Derartige rationale Fragen zu stellen – geschweige denn, sie zu beantworten –, passte nicht zur Darstellungsweise von Serienmorden in den 1980er und 1990er Jahren, die primär darauf abzielte, das Gefühlsleben der Leser anzusprechen. Daher setzte sich die Massenpresse auch nicht mehr mit Themen auseinander, die über eine rein Schrecken erzeugende Darstellung der Taten hinausgingen. Während Medien früher

Mordserien noch zur Durchsetzung eigener politischer Interessen verwandten – z. B. für oder wider die Todesstrafe, politische oder gesellschaftliche Reformen –, kommen Anklagen gegenüber Missständen nun eher selten vor. Im Fall Holst wurde beispielsweise der Maßregelvollzug kritisiert, dies geschah jedoch allenfalls halbherzig. Wichtiger im Zusammenhang mit der Medienbedeutung, die eine Mordserie erlangt, ist vielmehr ihr Schreckenspotenzial. Damit aber verabschiedete sich die Massenpresse mehr und mehr von einer kritischen Einordnung der Fälle in die zeitgenössische gesellschaftliche Realität, was die Mordfälle und die Täter austauschbarer erscheinen ließ. Der Boulevard reduzierte seine Macht zur Meinungsbildung immer stärker auf den einen Punkt: die Leser das Gruseln zu lehren.

Es sind im Folgenden vier Mordserien der 1980er und 1990er Jahre, eine sogar aus dem neuen Jahrtausend dargestellt, anhand derer wir den skizzierten deutschen »Sonderweg« in der Serienmörder-Darstellung dokumentieren wollen. Den Anfang machen die Taten des »Heidemörders« Thomas Holst, der vor allem durch seine Flucht aus einer psychiatrischen Anstalt einiges Rauschen im Blätterwald hervorrief. Am Ende des Kapitels steht eine Diskussion über die Gründe, die zu der beschriebenen zwiespältigen Wahrnehmung des authentischen und des fiktionalen Serienmörders führte; wir unternehmen außerdem den Versuch, zumindest einige Erklärungsansätze für die unterschiedlichen Deutungen des Phänomens Serienmord in Deutschland und den USA aufzuzeigen.

Thomas Holst galt bei den meisten Menschen, die ihn kannten, bis zum 23. Dezember 1990 als »netter junger Mann von nebenan« (»Hamburger Morgenpost«, 28. Dezember 1990). Dann jedoch wurde er wegen der vier Wochen zuvor begangenen Tötung und Vergewaltigung einer jungen Kosmetikschülerin aus seinem Wohnort Holm-Seppensen verhaftet. Schnell geriet er zudem in Verdacht, bereits 1987 eine Studentin aus Rissen, wo er damals wohnte, ermordet und missbraucht zu haben. Anklage wurde schließlich auch im Fall einer 29-jährigen Mutter von zwei Kindern erhoben, die 1988 in Hamburg hatte sterben müssen. Darüber hinaus war Holst noch in weiteren Fällen, die bis 1983 zurückreichten, verdächtig; diese konnten ihm jedoch nicht nachgewiesen werden. Übrigens trägt er seinen Spitznamen wahrscheinlich zu Unrecht. Zwei Morde in der Nähe von Buchholz in der Nordheide im April 1989 und Oktober 1990 hat vermutlich nicht er begangen, sondern ein 38-jähriger Informatiker, der nach seiner zweiten Tat Selbstmord beging. Diese Fälle bildeten aber mit dem Verbrechen an der Kosmetikschülerin den Ausgangspunkt für die Jagd nach einem Mörder in der Lüneburger Heide.

Holst wurde zunächst 1992 von der Großen Strafkammer I beim Landgericht Stade nur wegen Totschlags und Nötigung, begangen an der Kosmetikschülerin, zu zwölf Jahren Haft verurteilt. Die Staatsanwaltschaft hatte demgegenüber wegen Mordes und Vergewaltigung eine lebenslange Freiheitsstrafe gefordert. Das Urteil wurde später aufgrund von Fehlern in der Begründung vom Bundesgerichtshof aufgehoben, 1994 musste neu verhandelt werden. Nun erhielt Holst eine Freiheitsstrafe von 14 Jahren. Inzwischen war wegen der zwei weiteren Morde Anklage beim Hamburger Landgericht erhoben worden, das Holst im April 1993 nach 19 Verhandlungstagen zu lebenslanger Haft verurteilte. Da er aufgrund einer narzisstischen Persönlichkeitsstörung als vermindert schuldfähig eingestuft wurde, wies man ihn ins Allgemeine Krankenhaus Ochsenzoll ein, die Anstalt der forensischen Psychiatrie in Hamburg. Erst wenn Holst von dort als geheilt entlassen wird, muss er seine Haftstrafe verbüßen.

Im September 1995 schockierte Holst die Republik. Mit Hilfe seiner Therapeutin gelang ihm die Flucht aus Haus 18 des AK Ochsenzoll, wo er seit Juli 1994 im Maßregelvollzug einsaß. Drei Monate hielt sich der Mörder in Hamburg versteckt, während bundesweit nach ihm gefahndet wurde. Erst nach der Festnahme seiner Fluchthelferin stellte sich Holst kurz nach Weihnachten 1995. 1997 sorgte das Paar erneut für Schlagzeilen. Im März heiratete Holst seine – inzwischen ehemalige – Therapeutin.

Dürftiges Presseecho auf die Prozesse

Den Namen »Heidemörder« hat wohl die »Bild-Zeitung« geprägt. Dort jedenfalls wird Holst mit Beginn der Berichterstattung nach seiner Verhaftung am 27. Dezember 1990 erstmals so genannt. Am 28. Dezember übernahm dann die »Hamburger Morgenpost«, die einen Tag zuvor einfach von einem »Frauenmörder« geschrieben hatte, die Charakterisierung »Heidemörder«. Das konservative »Hamburger Abendblatt« hingegen nannte Holst nicht bei seinem Spitznamen und verweigerte sich so einer reißerischen Darstellung.

Die kurz nach Holsts Festnahme erschienenen Berichte spekulierten, dass er außer der Kosmetikschülerin noch weitere Frauen, hauptsächlich aus der Nordheide, ermordet habe. In der »Hamburger Morgenpost« wurde am 27. Dezember sogar eine gewisse Panik unter der Bevölkerung angedeutet: »In der Nordheide ging die Angst um. Drei Frauenmorde hat es in den vergangenen 18 Monaten in den Wäldern rund um Hamburgs Nachbarstadt Buchholz gegeben.« In gleicher Weise ließ sich auch die »Bild« vernehmen, um die Wichtigkeit der Verhaftung des Mörders hervorzuheben: »Mädchen trauten sich abends nicht mehr auf die Straße ...« Nach der Festnahme habe jedoch niemand mehr etwas zu befürchten. Die »Welt« schrieb am gleichen Tag, sie habe bereits seit längerem darauf hingewiesen, dass es wahrscheinlich sei, dass der Mörder der Kosmetikschülerin noch andere Frauen getötet habe, z. B. die Studentin aus Rissen. Die Zeitung fühlte sich nun bestätigt und kostete ihren Triumph über die Polizei aus, die jetzt ebenfalls Zusammenhänge mit anderen Morden eingestehen musste.

Ein weiterer, bereits früh auftauchender Aspekt der Berichterstattung zeigt sich in der Darstellung der Opfer. Wenn die Artikel bebildert waren, tauchten noch vor Bildern des Täters Bilder der Opfer, besonders von der Kosmetikschülerin und der Rissener Studentin, auf. Und als würden die Fotos nicht für sich sprechen, hob man zusätzlich immer wieder das gute Aussehen der jungen Frauen hervor. Die »Welt« schrieb am 27. Dezember: »Beide Mädchen waren [...] auffallend hübsch.« »Bild« ging weiter ins Detail: Über die Rissener Studentin hieß es, sie habe »lange, seidenweiche, blonde Haare, ein ebenmäßiges Gesicht« gehabt. Die Kosmetikschülerin wurde neben ihrem Foto beschrieben als »sehr attraktiv: Große, braune Augen, lange, rotbraune Haare, volle, rote Lippen – perfekt geschminkt.« Mit diesen Beschreibungen erreichte die »Bild« zweierlei: Zum einen machte sie klar, warum die jungen Frauen Opfer geworden waren – nämlich wegen ihres guten Aussehens, das sie sehr begehrenswert hatte erscheinen lassen. Das sollte andererseits jedoch keine Mitschuld der Opfer an ihrem Schicksal implizieren, sondern ihren Tod als noch sinnloser und schrecklicher erscheinen lassen, denn hier waren zwei schon durch ihr Äußeres herausgehobene, besondere Menschen getötet worden – die sich ob ihrer Schönheit überdies auch besser für die publizistische Ausschlachtung der Mordserie eigneten. Schöne Frauen scheinen, ähnlich wie Kinder, bei der Leserschaft eine Art Beschützerinstinkt zu wecken. Ihr Tod wird als größerer Verlust empfunden als der von Senioren oder Männern mittleren Alters. Obendrein gehörten die Opfer keiner Randgruppe an, sie waren ganz normale, nette, norddeutsche Mädchen – eine sogar Mutter –, nicht etwa drogensüchtige Prostituierte oder Ausländerinnen.

Zum anderen wurde auch der Täter nicht als Monster oder Bestie dargestellt, sondern als »netter und sympathischer Mann« (»Welt«, 28. Dezember 1990). »Bild« schrieb: »Er sieht gut aus, wirkt gepflegt und sympathisch ...« Die »Hamburger Morgenpost« wusste sogar: »Er war gerade dabei, seinen Tannenbaum zu schmücken, als die Handschellen klickten.« Der Täter – der zu Beginn der Berichterstattung zudem oftmals nicht bei seinem Namen, sondern nach seinem Beruf »der Grafiker« genannt wurde – hatte vordergründig ein ganz normales Leben geführt. Kein Vergleich mit Killern wie Honka, Kroll oder Rung, die ihr Leben so offenkundig nicht im Griff gehabt hatten. Holst erschien als normal, gefestigt und durchschnittlich, bewohnte ein kleines Haus, hatte einen guten Job und sogar eine Freundin. Und doch war er der »Sex-Mörder«: Eine perfekte Doppelexistenz, die sich auch während der Prozesse nur schwer knacken ließ – seltsames Verhalten hatten wenige an Holst beobachtet –, und die den Mörder unheimlich machte. Doch wurde das größtenteils normale Dasein des Thomas Holst auch zur Wurzel der weit verbreiteten Ansicht, Holst sei ganz außerordentlich clever und überdurchschnittlich intelligent. Vor dem Hintergrund all der anderen bekannten Serienmörder, die alle am Leben gescheitert schienen, eine schwere Kindheit durchlitten hatten und in mehr oder weniger desolaten Verhältnissen dahinvegetierten, hob Holst sich ab. Er mutete nicht wie ein Versager an, sondern als fast schon diabolisch schlauer Verstellungskünstler. Der »Spiegel« brachte es auf den Punkt, als er am 8. Januar 1996 über Holst schrieb: »Der Mann gilt als besonders gefährlich, weil er liebenswürdig und freundlich auftritt, ein dicklicher, unauffälliger Blonder, dem seine Opfer leicht erst mal trauen.«

Interessanterweise gibt es über die Prozesse, die 1992, 1993 und 1994 gegen Holst geführt wurden, nur wenige Zeitungsberichte. Wenn überhaupt etwas darüber in der Presse erschien, dann höchstens ein kurzer Artikel im Lokalteil, der das Urteil zusammenfasste. In diesen Beiträgen wurde keine Kritik am Umgang mit Holst geäußert, weder am recht milden Stader Urteil noch an der Einweisung in die Psychiatrie. Einzig an einem Punkt entzündete sich die Empörung der Presse: Holst hatte im Januar 1988 eine 19-jährige Gymnasiastin in seinem Haus vergewaltigt, dafür jedoch nur eine Bewährungsstrafe von 18 Monaten erhalten. Seine Gefährlichkeit war nicht erkannt worden, obwohl er zu diesem Zeitpunkt bereits die Rissener Studentin getötet hatte und nicht einmal einen Monat nach der Vergewaltigung eine 29-jährige Ehefrau und Mutter ermordete. Die Zeitungen schrieben, wenn damals genauer hingesehen worden wäre, hätten zwei Frauen vielleicht nicht sterben müssen. Dies stilisierte man jedoch nicht zum großen Skandal hoch. Holst wurde erst dadurch für die Presse wieder interessant, dass er am 27. September 1995 aus der Psychiatrie des AK Ochsenzoll ausbrach.

Holsts gelungener Ausbruch trug dazu bei, ihn in der Öffentlichkeit als klug erscheinen zu lassen. Dabei half auch die Polizeistrategie, die u. a. darauf abzielte, Holst in der Presse als intelligent darzustellen, um so seine narzisstischen Neigungen zu befriedigen. Dadurch wollte man Holst in Sicherheit wiegen und ihn dazu verleiten, Fehler zu machen, die dann zu seiner Ergreifung führen sollten.

Die Presse machte aus Holsts Flucht den »Skandal von Ochsenzoll« (»Hamburger Abendblatt«, 29. September 1995). Hauptthema der Berichte war, wie es zu dem Ausbruch hatte kommen können und ob jemand wie Holst nicht besser in ein Gefängnis statt in die Psychiatrie gehöre. Dies wurde durch Verlautbarungen aus der Klinik gefördert, die besagten, Holst sei gar nicht therapiefähig und seine Einweisung in den Maßregelvollzug ein Fehler. Das »Abendblatt« vermutete dahinter jedoch eine Strategie der Ärzte in Ochsenzoll: »Die Psychiater wollen ihre schweren Fälle loswerden!« Die Flucht des »Heidemörders« wurde trotz solch kritischer Anmerkungen zum Anlass genommen, nicht nur in diesem einen Fall, sondern generell über den Sinn des Maßregelvollzugs nachzudenken. Der »Spiegel« schrieb am 8. Januar 1996 von einem »Skandal für [die] Psychiatrie, Kritiker bezweifeln, ob Mediziner in der Lage sind, psychisch kranke Mörder zu heilen.« Das unterminierte noch die ohnehin schon schwierige befürwortende Argumentation hinsichtlich der Chancen des Maßregelvollzugs. In den 1990er Jahren waren die Klagen über ihn immer lauter geworden. In Eickelborn, wo eine der größten deutschen forensischen Kliniken steht, formierte sich nach mehreren Ausbrüchen ein massiver Bürgerprotest. Dem Maßregelvollzug drohte zum Verhängnis zu werden, dass, wenn über ihn berichtet wurde, nie Erfolgsmeldungen verbreitet, sondern immer nur Fehler, Schlamperei und Probleme thematisiert wurden. Dieser Kritik am Maßregelvollzug kam der Ausbruch Holsts sehr gelegen, um zu beweisen, dass durch die Einweisung in die Psychiatrie die Bevölkerung nicht dauerhaft vor gefährlichen Tätern geschützt werden könne. Konkret reihte das »Hamburger Abendblatt« Holsts Flucht am 27. September als Höhepunkt in eine »Chronik der Ausbrüche« ein.

Um das Thema Maßregelvollzug derartig zuspitzen zu können, strich man die Gefährlichkeit des »Heidemörders« heraus. Der »Spiegel« nannte ihn in seiner Titelgeschichte vom 9. Oktober 1995 eine »wandelnde Zeitbombe«, das »Abendblatt« sprach am 29. September gar von einem »der gefährlichsten Triebtäter und Frauenmörder der Hamburger Kriminalgeschichte«, der sich nun auf freiem Fuß befinde. Holm-Seppensen wurde als »ein Dorf in Angst« beschrieben. Allerdings verschwanden die Geschichten über den Ausbrecher bald von den Titelseiten der meisten Hamburger Zeitungen. Nicht jedoch bei der »Bild«; das Springer-Blatt schlachtete die Flucht des »Heidemörders« nach allen Regeln des Boulevards aus. Am 28. September berichtete es zunächst kurz über Holsts Flucht. Einen weit größeren Raum nahm jedoch die mit brutalen Details gespickte Rekapitulierung seiner Taten ein, wobei auch die Fotos seiner drei Opfer nicht fehlen durften. So wurde Holst zum »perverse[n] Frauenmörder«, der aber »jung und unschuldig« wirke. Um Angst zu schüren, schrieb »Bild«: »Eine Zeitbombe – Holst wird wieder töten.«

Schon am nächsten Tag zeigte man eine konkretere Bedrohung; die »Bild«-Schlagzeile lautete: »Heidemörder bedroht Ärztin. Sie war seine Freundin, er will sie töten.« Gemeint war Holsts Exfreundin, eine Münchner Medizinerin, die vor Gericht gegen ihn ausgesagt hatte und nach seiner Flucht, ebenso wie Gutachter, Richter etc., Personenschutz bekam. Doch neben diesem identifizierten potenziellen Opfer sollte auch die Allgemeinheit in Schrecken versetzt werden. »Bild« beschrieb dezidiert »Die Angst der Hamburger Frauen«. In diesem Klima wurde dann auch zur Jagd auf den Mörder geblasen: »Bild« zeigte »Die 6 Gesichter des Heidemörders« und präsentierte zur leichteren Identifizierung sechs Möglichkeiten, wie Holst sein Aussehen verändert haben könnte.

Am 5. Oktober konnte »Bild« dann schließlich ein neues Opfer vermelden: »Hamburg: Frau totgefoltert. War's der Heidemörder?« Im Artikel selbst tauchten dann zwar die Zweifel der Hamburger Polizei auf, die Schlagzeile schrie jedoch einen weiteren Grund zur Panik heraus. »Bild« brachte unter dem Deckmantel, dieser Angst zu begegnen – womit sie aber gleichzeitig noch weiter geschürt wurde –, Antworten auf »26 Fragen zum Heidemörder«, darunter »Sind Frauen in Gefahr?« – was mit ja beantwortet wurde – und »Wie sicher ist man in der Wohnung?« –, worauf es hieß, dass man auch dort wachsam sein solle. Nicht einmal mehr in seinen eigenen vier Wänden sei man in Sicherheit, wurde dadurch suggeriert. Außerdem erschien »Bild-exklusiv: Das neueste Foto«. Dazu hieß es: »Sehen Sie sich dieses Foto genau an. [...] Schneiden Sie dieses Foto aus. Tragen Sie es bei sich.« Nur so könne der Mörder identifiziert werden; jeder »Bild«-Leser wurde zum Kopfgeldjäger – immerhin war eine Belohnung von DM 10 000 ausgesetzt. Und tatsächlich scheinen ca. 1200 Hinweise aus der Bevölkerung eingegangen zu sein, ohne dass sie allerdings zu einer Ergreifung Holsts geführt hätten. Sogar in der Fernsehsendung »Aktenzeichen XY ... ungelöst« wurde gefahndet. Der »Spiegel« fasste am 9. Oktober 1995 das Resultat dieser Bemühungen zusammen: »Holst war überall, mal an der Bushaltestelle, mal im Nachbarhaus, mal in einem vorbeifahrenden Auto.«

Am 6. Oktober konnte »Bild« dann als Höhepunkt der

»Heidemörder«-Kampagne vermelden, dass der Flüchtige mit der Zeitung Kontakt aufgenommen hatte. Schon im Fall Kürten 1929 (und natürlich 1888 in London bei Jack the Ripper, der so überhaupt erst zu seinem Namen kam) war die Presse stolz darauf gewesen, dass der Mörder Briefe an Zeitungen geschrieben hatte und dadurch quasi zum »korrespondierenden Mitarbeiter« geworden war. Nun habe angeblich der »Heidemörder« in der Redaktion angerufen und mit der Tötung eines Journalisten gedroht, wenn weiter abschätzig über ihn berichtet würde. Die Schlagzeile lautete: »Er ist noch in Hamburg. Heidemörder rief BILD an: ›Ihr kriegt mich nie.‹«

Doch schon am nächsten Tag musste die Zeitung kleinlaut zurückrudern. Es wurde gemeldet, bei dem Anrufer habe es sich lediglich um einen »Trittbrettfahrer« gehandelt. Allerdings versteckte sich diese Meldung auf Seite sieben. Daneben wurde noch einmal Panik heraufbeschworen: »Hamburger Frauen: Wir haben Angst!« In den nächsten Tagen verschwand Thomas Holst dann aus den »Bild«-Schlagzeilen. Nun war der Fall Fred West aus England Thema, wobei »Bild« sich lang und breit über die sexuellen Perversionen des Ehepaars West ausließ. Seine Verbrechen erschienen wohl zum einen verkaufsfördernder als der schon länger flüchtige »Heidemörder«, vielleicht hatte aber auch die Blamage mit den Telefonaten etwas damit zu tun, dass es um Holst ruhiger wurde.

Ein Charakteristikum der gesamten Zeitungsberichterstattung ist der große Raum, den die Opfer und ihre Angehörigen einnehmen. Fast alle Zeitungen druckten Fotos der drei Opfer – beim »Spiegel« vom 9. Oktober 1995 erschienen sie sogar auf dem Titelblatt – und ließen die Verwandten zu Wort kommen. Der »Spiegel« wies darauf hin, dass die Hinterbliebenen unter der Flucht am meisten litten. Darüber hinaus kamen der Vater des letzten Opfers und der Ehemann der getöteten Mutter zu Wort. Im »Spiegel« vom 23. Oktober erschienen dann Leserbriefe zum Artikel über Holst, u. a. auch einer von den Eltern eines ermordeten Mädchens. Sie hielten Polizei und Justiz für »zynisch und täterschützend« und kritisierten: »Das Restrisiko bei Freilassungen [...] tragen immer Frauen und Kinder.« Die Zuschrift einer Mitarbeiterin des Ministeriums für die Gleichstellung von Mann und Frau in Nordrhein-Westfalen bemerkte, das »an Barmherzigkeit grenzende Verständnis für Vergewaltiger« solle durch ein neues Gesetz beendet werden. Deutlich klingt an, dass die Angehörigen der Meinung waren, dem Täter werde weitaus mehr Aufmerksamkeit und Fürsorge zuteil als den Opfern und ihren Angehörigen. Das ist paradox, denn wirklich neu an der Berichterstattung über grausame Verbrechen in den 1980er und 1990er Jahren war gerade die große Rolle, die dem Leid der Opfer und ihrer Angehörigen zur Erzeugung von Mitgefühl und Mitleid – und Angst und Schrecken – eingeräumt wurde.

»Bild« und »Hamburger Abendblatt« brachten beide am 29. September Äußerungen der Mutter von Holsts letztem Opfer. In »Bild« wurde sie zitiert mit den Sätzen: »Fangt den Mörder meiner Tochter – bevor er sich das nächste Mädchen holt!«, was ausgezeichnet zur Panikmache taugte, und »So einer gehört doch in die Hände der Justiz«, womit die Kritik am Maßregelvollzug aufgegriffen wurde. Im »Abendblatt« hieß es zurückhaltender: »Eine Mutter klagt an«. Die Darstellung der leidenden Angehörigen verdeutlichte das Entsetzen, das Holst erzeugt hatte, und zeigte die durch seinen Ausbruch wieder aufgerissene Wunde im kulturellen Gefüge der Gesellschaft.

Als Holst schließlich kurz nach Weihnachten 1995 wieder gefasst wurde, war die Erleichterung allenthalben groß.

Während der Flucht hatte sich die Presse jedoch immer stärker auf Holsts Fluchthelferin, eine 39-jährige Therapeutin, eingeschossen. Schon in den ersten Berichten über den Ausbruch wurde gemutmaßt, dass die Frau Holst geholfen habe. Der »Spiegel« druckte am 9. Oktober 1995 ein Interview mit der Beschuldigten, in dem sie freilich jede Hilfe abstritt. Es erschienen dennoch Schlagzeilen wie: »Ein perverser Frauenmörder, dem eine Frau zur Flucht verhilft – ist das zu verstehen?« (»Bild«, 29. September). Der Therapeutin warf man vor, Verrat an ihrem eigenen Geschlecht begangen und sich geradezu widernatürlich verhalten zu haben. Erklärt wurde dies mit ihrem »Helfersyndrom«. Im März 1997, als Holst und seine Fluchthelferin heirateten, wurden die Angriffe dann fortgesetzt. Die Vorwürfe lauteten einmal, das Paar würde sich bereichern: »Mit ihrer bizarren Liebesgeschichte, mit dieser seltsamen Trauung, machen der Mörder und die Therapeutin auch noch viel Geld.« (»Bild«, 14. März 1997). Aber auch hier wurden wieder die Opfer thematisiert. Ebenfalls am 14. März nannte die »Hamburger Morgenpost« die Eheschließung einen »Schlag ins Gesicht der Angehörigen der drei ermordeten Frauen«. Daraus spricht die Meinung, jedes noch so kleine private Glück müsse einem Menschen wie Holst versagt werden, das Recht auf menschliche Behandlung habe er verwirkt.

Übrigens taucht in der gesamten Berichterstattung nicht ein einziges Mal das sonst stereotyp verwendete Bild der Bestie auf. Im Verlauf der Suche nach Holst im Herbst 1995 hatte die Polizei zwar darüber nachgedacht, entsprechende Pressemeldungen zu lancieren, um den Stolz des Täters zu treffen und dadurch eine verräterische Reaktion zu provozieren. Davon wurde aber Abstand genommen, um keinen allzu großen Druck auf Holst auszuüben, der möglicherweise zu einem neuen Mord hätte führen können.

Zwischen Oktober 1989 und April 1991 ermordete Wolfgang Schmidt in der Umgebung von Potsdam und Beelitz fünf Frauen und ein Baby. Damit konnte er den zweifelhaften Ruhm für sich verbuchen, der erste Serienmörder des neuen Deutschland nach der Wiedervereinigung zu sein. Der 1. Strafsenat des Potsdamer Landgerichts verurteilte den 26 Jahre alten Schmidt am 30. November 1992 wegen sechsfachen Mordes und zwei Mordversuchen zu 15 Jahren Haft. Die Richter erklärten Wolfgang Schmidt nur für vermindert schuldfähig; eine völlige Schuldunfähigkeit stellten sie also nicht fest. Schmidt wurde in eine psychiatrische Anstalt eingewiesen. Angesichts der Tatausführungen fragte der altgediente Gerichtsreporter des »Spiegel«, Gerhard Mauz, wem eigentlich noch Schuldunfähigkeit zugestanden werden könne, wenn sogar jemand wie Wolfgang Schmidt nur vermindert schuldfähig gewesen sei (7. Dezember 1992).

Eine Mordserie in den neuen Bundesländern

Sein erstes Opfer fand Wolfgang Schmidt am 24. Oktober 1989: Im brandenburgischen Deetz stieg er nachts in ein Haus ein, erschlug dort eine 51-jährige Frau und schändete die Leiche. Ein halbes Jahr später erdrosselte Schmidt eine 55-Jährige auf einer Müllkippe. Wieder verging er sich an der Leiche. Im März 1991 vergewaltigte und erstach er eine 34-jährige Frau in einem Waldstück bei Potsdam. Die Polizei fand neben der Leiche Damenunterwäsche, die nicht der Ermordeten gehörte.

Die Morde lösten zum Teil hysterische Angstreaktionen aus; die Bewohner der Gegend planten, eine Bürgerwehr zum Schutz vor dem gefährlichen Sexualtäter aufzustellen. Die Polizei warnte Frauen nachdrücklich, keine einsamen Wege in der Umgebung von Potsdam zu benutzen. Trotz aller Vorsichtsmaßnahmen fand Schmidt weitere Opfer: Am 22. März 1991, nur neun Tage nach seinem letzten Mord, überfiel er die Frau eines russischen Militärarztes, die ihr drei Monate altes Kind in einem Waldstück bei Beelitz spazierenfuhr. Er erwürgte die Frau und schlug den Säugling gegen einen Baumstumpf, bis er tot war. Auch in diesem Fall ließ Schmidt Teile von Frauenunterwäsche am Tatort zurück. Am 5. April 1991 attackierte Schmidt zwei spielende Mädchen, beide zwölf Jahre alt. Er verletzte die Kinder mit einem Messer, doch sie konnten fliehen. Entsprechend den Angaben der Mädchen war die Polizei in der Lage, ein genaues Phantombild anzufertigen. Nach der Veröffentlichung des Bildes ging eine Flut von Bezichtigungen ein; Schmidt allerdings wurde nicht genannt. Mittlerweile ermittelte eine 48-köpfige Sonderkommission in der Mordserie; eingeschaltet war neben der Berliner Mordkommission auch die sowjetische Militärstaatsanwaltschaft.

Die anhaltende Erfolglosigkeit der Ermittlungen schrieb der »Spiegel« der Umbruchsituation nach der Wiedervereinigung zu: Der spektakuläre Fall offenbare erneut, wie überfordert die Polizei in den neuen Bundesländern noch immer sei. »Zwischen dem Zusammenbruch und Neuaufbau der Strafverfolgung ist für Rechtsbrecher ein schützendes Vakuum entstanden.« Angeblich seien allein in Brandenburg 50 Morde aus den letzten Jahren unaufgeklärt (12. August 1991).

Schmidt fand trotz der intensiven Suche der Polizei noch ein weiteres Opfer: Er stieg in das Haus einer Rentnerin ein, ermordete sie und befriedigte sich an der Toten. Nur durch Zufall konnte der Mörder schließlich gestellt werden: Am 1. August 1991 fiel er zwei Joggern auf, als er im Wald bei

Pipersberg masturbierte; dabei trug er unter seiner Trainingsjacke einen BH. Die beiden Sportler überwältigten Schmidt und hielten ihn fest, bis sie ihn einer Polizeistreife ausliefern konnten.

Schablonenhafte Pressedarstellungen

Die Boulevardpresse gab Schmidt gleich zwei Spitznamen: Zunächst reflektierte sie die weit verbreitete Angst vor dem mordenden Täter und nannte ihn »Bestie von Beelitz«. Dann wurde bekannt, dass man neben einigen Leichen Damenwäsche gefunden hatte, die nicht den Opfern gehörte; insbesondere ein rosafarbener Rock wurde immer wieder abgebildet und auch im Fernsehen gezeigt. Zum Fetischismus kam noch die Körpergröße Schmidts von 1,90 Meter hinzu, und der »Rosa Riese« war erfunden.

Einen solchen Erfindungsreichtum offenbarte die Berichterstattung insgesamt jedoch nicht. Dabei hätten sich die außergewöhnlichen Umstände der Morde durchaus dazu geeignet, neue Bilder zu verwenden. Nicht nur, dass die Tatausführungen an Absonderlichkeit nicht zu überbieten waren. Überdies war der Täter beispielsweise in der DDR aufgewachsen, was den Blick auf bis dahin unbekannte Sexualmörder auch in Ostdeutschland hätte lenken können. Dass Schmidt schon vor der Wende als Neonazi bezichtigt worden war und deshalb seine Arbeit als Bereitschaftspolizist verloren hatte, drängte ebenso bestimmte Fragen geradezu auf. Diese Fragen wurden jedoch nicht gestellt. Stattdessen griff man auf die altbekannten Muster der Serienmörder-Darstellung zurück; es war, als würde eine Schablone verwendet, die in den 1970er Jahren verfertigt worden war und in die man statt des Namens Joachim Kroll nun einfach Wolfgang Schmidt schrieb und das Ganze von Duisburg auf die Potsdamer Umgebung zurechtschnitt.

Punkt eins des Klischees bestand darin, die Mordtaten als ganz besonders spektakulär darzustellen. Das geschah durch die detaillierte Beschreibung des grausamen Tathergangs. Bei Kroll hatte es geheißen, ein kleines Mädchen sei erwürgt, zerstückelt und gekocht worden, man habe es mit dem grauenvollsten Kindermord in der deutschen Kriminalgeschichte zu tun. Über Schmidt schrieb die Presse, seine Mordserie sei »eine der bizarrsten« der deutschen Nachkriegsgeschichte (»Stern«, 8. August 1991) bzw.: »Wahnsinniger als der ›rosa Riese‹ hat noch kein Mörder in Deutschland getötet.« (»Bild«, 6. August). Was geschah, so die »Bild« weiter, sei schaurig. Aber man müsse es schildern – nur so sei die ganze Abartigkeit dieses Mörders zu begreifen. Und das bedeutete, vor allem den Doppelmord an der Russin und ihrem Baby in grellsten Farben auszumalen.

Damit war die Gefährlichkeit des Mörders bewiesen, der Leser hatte begriffen, welcher Bedrohung er gerade noch entkommen war. Als Nächstes galt es, den Täter als einen Nicht-Menschen vorzuführen, um die Beunruhigung des Publikums darüber abzumildern, dass so jemand wie Schmidt überhaupt aus der Mitte der Gesellschaft hatte entstehen können; diese gewissermaßen dialektische Vorgehensweise ist im Kapitel über Honka und Kroll schon analysiert worden.

Kroll war aus der menschlichen Gemeinschaft ausgesondert worden, indem man ihn als Menschenfresser denunzierte und damit des übelsten Tabubruchs überhaupt zieh. Bei Schmidt war es die Nekrophilie, die weidlich ausgeschmückt wurde: Er mordete, um die Leichen schänden zu können, denn er habe nur tote Frauen begehrt (»Bild«, 14. August). Aber den Lesern wurden noch mehr Fachtermini aus dem Wörterbuch sexueller Verirrungen zugemutet. Denn Schmidt sei schlimmer als die meisten Lustmörder wie Kürten, Bartsch und der Amerikaner Jeffrey Dahmer, hieß es, weil er nicht nur Sadist sei, sondern in sich noch weitere Perversionen vereine (»Bild«, 16. August). Er sei Fetischist und Koprophiler, also jemand, der sexuelle Erregung im Umgang mit seinen Exkrementen finde. Der »Stern« (28. November 1996) teilte seinen Lesern mit, das nenne man »Natursekt- und Kaviarspiele« – was diese vermutlich überhaupt nicht wissen wollten.

Eine Steigerung erfuhr die bestialische Charakterzeichnung noch dadurch, dass man behauptete, dem Täter gehe jeder Gedanke an Reue ab; er sei eiskalt und keiner menschlichen Empfindung gegenüber seinem Tun fähig. Kroll erfüllte die Anforderung, eine Bestie zu sein, durch seinen Spott über die Frage, ob er mit einem Pfarrer sprechen wolle; Schmidt, wenn er vermeintlich heuchlerisch weinte (»Tränen eines Mitleidlosen«) oder einmal während seines Prozesses lachte: »Der Teufel lacht«, titelte die »Bild« dazu, mit entsprechendem Foto (5. August 1991 bzw. 3. November 1992).

Der nächste Punkt auf der Tagesordnung der Serienmörder-Beschreibung diente wiederum der anderen Seite der dialektischen Medaille – der Beschwichtigung des eben herausgehobenen Schreckens: Man machte den Täter lächerlich, indem man ihn als grotesk vorführte. Die »Bild« ließ Kroll mit einer Puppe Polka tanzen, bei Schmidt hingegen wurde in aller Ausführlichkeit geschildert, wie er Frauenunterwäsche trug und sich mit seinen Exkrementen beschmierte. Ihre Vollendung erfuhr diese Darstellungsweise allerdings durch die zweiseitigen Fotos des »Stern«, die Wolfgang Schmidt 1996 in Frauenkleidern, geschminkt und mit langen Haaren in der Psychiatrie zeigen, gekrönt von der Überschrift: »Nennen Sie mich Frau Schmidt«.

Die Presse sucht die Beunruhigung der Gesellschaft, für das Entstehen einer Bestie aus ihrer Mitte verantwortlich zu sein, zu beschwichtigen. Dafür muss sie zeigen, dass der Mörder zu seinem Tun veranlagt war. Zu diesem Zweck wird die Lebensgeschichte des Täters als eine Abfolge perverser Ausbrüche von Anfang an vorgeführt. Auch dieses Muster war bei Kroll bereits fertig ausgearbeitet, als man seine sodomitischen Praktiken und Tierquälereien dargestellt hatte. Gleiches geschah bei Schmidt, indem die »Bild« schilderte, wie er schon in früher Jugend Mädchenkleider getragen habe, lebende Eichhörnchen zerstückelte, seinen Hund mit einem schweren Knüppel quälte und dabei lachte »wie verrückt«. Überaus verräterisch war ihr Sprachgebrauch, wenn es hieß: »Wie bei den meisten Lustmördern unserer Tage verrieten aber auch bei ihm Signale in seiner Kindheit, dass hier ein Entarteter heranwuchs.« (15. August 1991). Wenn dazu eine nicht nachvollziehbare Begründung für die Abnormität kommt – die »anständigen, fleißigen und frommen« Eltern Krolls und die harte, aber doch liebevolle Erziehung; fast wortgleich bei Schmidt –, bleibt als Erklärung eigentlich nur übrig, dass der Täter eben von Geburt an ein Monster sei.

Da seit den 1990er Jahren die Ergebnisse der Genetik auch in den Organen der Massenpresse ausführlich behandelt werden, spekulierten viele Journalisten dementsprechend auch bei Wolfgang Schmidt über die mögliche Vererbung sexuell abweichenden oder gar kriminellen Verhaltens – nicht zufällig behandelte die Titelgeschichte der »Stern«-Nummer, in der sich die erste Erwähnung des Falles Schmidt findet, Erkenntnisse der Humangenetik über die ererbte Homosexualität. Solche Überlegungen waren jedoch nicht neu, auch wenn z. B. in den 1920er Jahren nicht von genetischer, wohl aber von erblicher Belastung die Rede gewesen war. Beide Vorstellungen gehen von der Konstruktion einer Vererbbarkeit kriminellen Verhaltens aus, was nach 1933 die Nationalsozia-listen dazu verleitete, eine rigide Gesetzgebung zur »Ausmerzung Entarteter« – neben Kriminellen auch »Arbeitsscheue«, Geisteskranke und andere Randgruppen – zu realisieren. Wir haben uns in unserem Band der »Bestien des Boulevards« ausführlich mit diesem Thema auseinandergesetzt.

Überblickt man das ganze 20. Jahrhundert, ergibt sich eine bemerkenswerte Wellenbewegung in der Erklärung, woher die »Mordlust« stammt: Die 1920er und 1930er Jahre sahen eine aufkommende Konjunktur der Lehre von der erblichen Devianz; nach 1933 wurde sie zur verbindlichen Doktrin, sie war eine tragende Säule der rassistischen Ideologie des Nationalsozialismus. Erst in den späten 1960er Jahren, getreu dem gesellschaftsreformerischen Zeitgeist dieser Epoche, begannen sich die Vorstellungen von der erblichen Devianz im allgemeinen Bewusstsein aufzulösen, dann aber mit aller Macht: Wir haben gesehen, wie sich alle Medien im Fall Jürgen Bartsch darum bemühten, seine mörderischen Triebe aus der Erziehung abzuleiten, die ihn brutalisiert und in die Homosexualität getrieben habe. Die Hochkonjunktur der Humangenetik in den letzten Jahren brachte abermals eine Trendwende: Sämtliche Eigenschaften des Menschen meint man jetzt, wo die Naturwissenschaften einmal mehr den Zeitgeist beherrschen, wieder auf seine Herkunft zurückführen zu können.

Wenn die mörderische Devianz Schmidts in seinen Genen begründet lag, würde das Argument von der Schuldlosigkeit der Gesellschaft natürlich beträchtlich gestützt. Das hatte in diesem Fall aber eine äußerst negative Auswirkung: Die Verlobte Schmidts erwartete nämlich ein Kind von ihm. Von der Frage, ob Schmidts »Mordlust« ererbt sei, war es dann nur noch ein folgerichtiger kleiner Schritt zu der Frage: »Welche Erbanlagen wird der so abartige Mörder weitergeben?« Das wiederum verleitete die »Bild« dazu zu fragen: »Rosa Riese. Muss sein Baby jetzt abgetrieben werden?« (7. August 1991).

Schon zwei Tage zuvor hatte das Blatt keinen Zweifel daran gelassen, was die Verlobte tun musste, als es formulierte: »Sie ist im 3. Monat schwanger. Noch könnte sie das Kind abtreiben lassen.« Gerhard Mauz schrieb im »Spiegel« von einem »rabenschwarzen Kapitel in der Geschichte des Journalismus«. In der Tat war dies ein »Journalismus der verbrannten Erde«, wie es im Magazin der »Süddeutschen Zeitung« hieß, der sein Ziel auch erreichte: Schmidts Verlobte gab dem Druck nach, den »Satansbraten« (so ihre eigenen Worte, von der »Bild« wiedergegeben) abzutreiben.

»Nennen Sie mich Frau Schmidt«: Berichte über den Täter in der Psychiatrie

Der Fall Wolfgang Schmidt hatte ein publizistisches Nachspiel, von dem der »Stern« am 28. November 1996 berichtete. Ein Reporter und ein Fotograf des Blattes machten sich auf in den Hochsicherheitstrakt der Psychiatrischen Landesklinik Brandenburg, um eine Art Home-Story über den Mörder zu verfassen. Der ausgiebig bebilderte Bericht zeigt vor allem, wie Schmidt seine neue Identität als Frau auslebte. So begrüßte er seine Besucher mit den Worten: »Sagen Sie doch bitte Frau Schmidt zu mir, das würde mich freuen.« Die zugehörigen Fotos zeigen Schmidt in Frauenkleidern und -aufmachung, mit manikürten und lackierten Fingernägeln, vor einem mit Plüschtieren übersäten Himmelbett. Den optischen Eindruck Schmidts fasste der Reporter in die Worte: »Das blonde Haar hat Schmidt mit einem lila Schleifchen zum Pferdeschwanz gebunden. An den Ohrläppchen kommen schwarze Clips zum Vorschein. Schmidt hat Rouge aufgelegt und Lidschatten, der farblich einwandfrei zur lachsfarbenen Bluse passt. Darunter zeichnet sich ein BH mit Schaumstoffeinlagen ab.

Wenn sein schwarzer Taftrock rutscht und der Schlitz zu viel Bein frei gibt, nestelt er mit spitzen Fingern am Stoff und bringt alles sofort wieder in Sitz. ›Ich versuche mich Schritt für Schritt weiterzuentwickeln‹, sagt Wolfgang Schmidt und spielt an seiner Perlenkette – ein Kundengeschenk von Beate Uhse, bei der er manchmal Reizwäsche bestellt.« Schmidts weibliche Identität wird mit einer eingehenden Darstellung der Perversionen und der grausamen Mordtaten kontrastiert, was beim Betrachter wiederum einen nicht zu überbietenden grotesken Eindruck hervorruft.

Im Rahmen dieses Artikels kommt auch ein Vorfall vom Sommer desselben Jahres zur Sprache, der zeigt, wie sensibel das Thema Unterbringung von Sexualstraftätern war. Schmidt waren nämlich schon nach kurzer Zeit in der Psychiatrie erstaunliche Vergünstigungen zuteil geworden: Er durfte im Hof des Hochsicherheitstraktes einen Garten anlegen, fuhr einmal mit zu einer Radtour und auf eine Kahnpartie. 1995 bekam er die so genannte Lockerungsstufe III, d. h. er durfte deshalb einmal im Monat auf begleiteten Freigang. Für das nächste Jahr war ihm sogar in Aussicht gestellt worden, sich ohne Begleitung auf dem ganzen Klinikgelände bewegen zu dürfen. Daraus wurde allerdings nichts: Schmidt wurde fotografiert, als er, nur mit einem Bikini bekleidet, seine Frauenwäsche im Garten zum Trocknen auf die Leine hängte. Die »Bild« veröffentlichte das Foto, mit der Überschrift: »Waschtag beim Rosa Riesen«. Wenige Tage später wurde Schmidt von der Überwachungskamera einer Tankstelle in Kliniknähe gefilmt, als er ein Pornoheft kaufte. Die ostdeutsche »Super Illu« brachte das Bild, was einen Sturm der öffentlichen Entrüstung gegen die laxe Sicherheit der Klinik hervorrief. Das alarmierte brandenburgische Innenministerium reagierte mit einer vollständigen Ausgangssperre für Schmidt, über die sich der Serienmörder larmoyant im »Stern« beklagte: Die Blumenzwiebeln erfrören in seinem Garten, den er nicht mehr betreten dürfe. Niemanden interessiere, dass da ein halbes Jahr Taschengeld drinstecke.

Serienmörder ohne Spitznamen: Thomas Rung

Am 28. Februar 1995 brannte in der Weißenfelser Straße 2, im Ostberliner Bezirk Hellersdorf, eine Wohnung. Die Feuerwehr entdeckte im Schlafzimmer die Leiche einer Frau. Den herbeigerufenen Polizisten wurde schnell klar, dass die Frau schon vor Ausbruch des Feuers tot gewesen sein musste. Es war sehr wahrscheinlich, dass jemand den Brand gelegt hatte, um ein Tötungsverbrechen zu vertuschen. Aufgrund von Zeugenaussagen konnte noch am gleichen Tag der 34-jährige Thomas Rung, ein Bekannter der Verstorbenen – einer zweifachen Mutter – verhaftet werden. Tagelang leugnete Rung, etwas mit dem Tod der Frau zu tun zu haben. Er belastete zunächst einen Saufkumpanen, bevor er es sich anders überlegte. Anscheinend war ihm der Gedanke gekommen, seine Story für viel Geld an die Medien zu verkaufen. Die Geschichte, die er schließlich erzählte, war in der Tat spektakulär und überraschte die vernehmenden Polizeibeamten: Rung gab nicht nur zu, die Frau aus der Weißenfelser Straße vergewaltigt und erdrosselt zu haben, er gestand darüber hinaus sechs weitere Morde. Demnach war der Polizei zufällig ein Täter ins Netz gegangen, dessen bisher unentdeckte Mordserie bis zurück ins Jahr 1983 reichte.

Rungs Gewalttätigkeit entsprang einer lieblosen Prügelerziehung.[29] Wieder einmal, muss man sagen, denn sie findet sich im Grunde am Anfang eines jeden Serienmörder-Lebens. 1975, kurz vor seinem fünfzehnten Geburtstag, stand Rung zum ersten Mal vor Gericht; drei Tage Jugendarrest hatte er abzubüßen. Dabei blieb es nicht: Bis 1983 saß Rung insgesamt dreimal wegen Diebstahls und Raubes in Jugendhaft. Dazu kam schon sehr früh ein massiver Alkoholismus.

Im Oktober 1983, wenige Wochen nach der Haftentlassung, wurde Rung zum ersten Mal mörderisch gewalttätig: Er erwürgte seine Vermieterin, eine 78-jährige Frau. Mit seinem Geständnis brachte er 1995 Polizei und Justiz in erhebliche Verlegenheit, denn am 14. März 1984 hatte, nach nur zweitägiger Hauptverhandlung, die 18. Große Strafkammer des Landgerichts Berlin einen anderen wegen dieses Mordes zu acht Jahren Jugendgefängnis verurteilt. Der für schuldig erklärte Michael Mager, auf den auch etliche Indizien hindeuteten, hatte die Tat gestanden, sein Geständnis im Prozess jedoch zurückgezogen.

Rungs Mordserie war mit sieben Getöteten die blutigste in Berlin seit dem Zweiten Weltkrieg. Die »Welt« verband diese Nachricht mit einer konservativen Kritik an den herrschenden Zuständen in der Hauptstadt: »Selbst in Berlin – mit rund 100 Tötungsdelikten pro Jahr und allein acht Fällen schon in diesem Monat – wäre eine solche Mordserie seit dem Zweiten Weltkrieg einzigartig.« (10. März 1995). »Spiegel«-Reporterin Gisela Friedrichsen jedoch erschien das Fehlurteil von 1984 als der eigentliche Grund, warum die Taten in die Annalen der berühmten Fälle eingehen würden (12. Februar 1996). Dies lässt sich gleichsam als programmatische Äußerung über die Merkmale der Serienmord-Berichterstattung der 1990er

Jahre lesen, in der die Medien der Zahl der Opfer abnehmende Bedeutung zumaßen.

Die Polizei hatte Rung im Mordfall von 1983 ebenfalls verhört; sie ließ ihn jedoch frei. Vor allem der »Stern«, der dem Mörder seine Geschichte exklusiv abkaufte, machte das den Strafverfolgungsbehörden zum Vorwurf: Sie trügen die Verantwortung dafür, dass Rung weiter »unbehelligt« habe töten können (16. März 1995). Noch im November 1983 mordete Rung zum zweiten Mal. In der Nacht vom 23. auf den 24. vergewaltigte er eine 22-jährige Studentin auf einem Spielplatz in Neukölln, würgte sie und schaufelte Sand auf ihren Kopf und Oberkörper. Die junge Frau erstickte. Der Fall erregte deutlich mehr Aufsehen in der Berliner Presse als Rungs erster Mord – wobei ein Zusammenhang nicht gesehen wurde. Das Opfer war jung, weiblich und hübsch, eine »Pastoren-Tochter«, wie die »BZ« (25. November 1983) nicht zu erwähnen vergaß, in einer Überschrift zum Porträt und einem großen Foto der Getöteten, nackt und halb mit Sand bedeckt. Zudem nahmen Berliner Frauengruppen den Mord zum Anlass, gegen männliche Gewalt zu protestieren; an die 2 000 Demonstrantinnen fanden sich am Tatort zusammen, worüber wiederum berichtet wurde. Noch am Abend des Demonstrationszuges schlug Rung abermals zu: Am 30. November beraubte er eine 85-Jährige und stieß sie nieder; die Frau verletzte sich dabei schwer, konnte sich nicht mehr rühren und erfror in der frostkalten Nacht. Spielende Kinder entkleideten die steifgefrorene Leiche; als die Polizei das erfuhr, rückte sie von ihren anfänglichen Mordermittlungen ab und verbuchte den Tod der Rentnerin als Unfall, weil die auf einen gewaltsamen Tod hindeutenden Spuren jetzt als Folge der makabren Kinderspiele angesehen wurden.

Sein viertes Opfer fand Rung Heiligabend 1983, als er eine 62-jährige Putzfrau vergewaltigte und tötete. Am gleichen Tag missbrauchte er noch eine weitere Frau, eine Kioskbesitzerin, die nur überlebte, weil ein Kunde ihren Laden betrat. Es folgten weitere Raubüberfälle und Vergewaltigungen, bevor Rung Anfang Oktober 1984 endlich festgenommen wurde. Seine Mordtaten blieben noch unentdeckt; das Gericht verurteilte ihn am 4. April 1986 nur wegen Raubes, Vergewaltigung und versuchter Vergewaltigung zu vier Jahren Gefängnis.

Im August 1989 kam Rung aus der Justizvollzugsanstalt Tegel frei. Kurz danach fiel die Mauer in Berlin, und Rung dehnte sein Jagdrevier auf den Osten aus. Bereits Anfang Januar 1990 wurde er dort verhaftet und wegen Körperverletzung verurteilt; im August entließ man ihn vorzeitig; im September missbrauchte er eine 59-Jährige in einem Abbruchhaus in Berlin-Mitte und ertränkte sie in der Badewanne. Auch in diesem Fall ging die Polizei nicht von einem Tötungsdelikt aus: Die Spuren an der schon stark verwesten Leiche deuteten scheinbar auf einen Unfall hin. Im Oktober 1990 heiratete Rung die Tochter seines Stiefbruders (und zeugte ein Kind mit ihr). Eben dieser Stiefbruder, der nun gleichzeitig sein Schwiegervater war, wurde Rungs sechstes Opfer. Nach einer gescheiterten Alkohol-Entziehungskur – dafür hatte Rung bis September 1994 19 Monate in der geschlossenen Abteilung einer psychiatrischen Anstalt zugebracht – würgte er ihn nach einem Streit bis zur Bewusstlosigkeit, ertränkte und beraubte ihn (24. Februar 1995). Bereits vier Tage später verübte Rung seinen siebten Mord, aufgrund dessen er endlich verhaftet und die Mordserie aufgeklärt werden konnte.

Der Prozess gegen Thomas Rung vor der 36. Großen Strafkammer des Landgerichts Berlin benötigte nur sechs Verhandlungstage. Das Urteil vom 5. März 1996 lautete auf lebenslänglich; außerdem, so verkündete der vorsitzende Richter Friedrich Karl Föhrich, sei auf anschließende Sicherheitsverwahrung zu erkennen.

Dem Boulevard fällt nichts mehr ein: Kein Spitzname für Rung

Die regionale Berliner Presse berichtete anfänglich umfangreich über den Fall Rung. Die »BZ« nannte ihn »Untier« – was ein Zitat aus den Offenbarungen Rungs vor der Polizei war. Überregionales Aufsehen erregte die Mordserie hingegen kaum, obwohl doch, laut »Welt«, Rungs Geständnis klinge »wie eine Szene aus einem Horrorfilm«. »Sollte die Aussage des Täters stimmen, ist er einer der schlimmsten Serienmörder Deutschlands.« (10. März 1995). Möglicherweise ist die geringere Resonanz auch darauf zurückzuführen, dass der Mörder seine Geschichte exklusiv dem »Stern« verkaufte, weswegen Einzelheiten andere Blätter nur indirekt (nämlich über die Berichterstattung des »Stern«) und verspätet erreichten. Aber auch der »Stern« machte nur wenig aus seiner erkauften Exklusiv-Position: Zwar brachte er am 16. März 1995 Rungs Foto auf dem Titel, aber dieses Titelbild war sicher nicht verkaufsfördernd: Es zeigt einen dicklichen, bärtigen, dunkelblonden, nicht unsympathischen Mann, der ruhig in die Kamera blickt. Das Foto ist in keiner Weise bemerkenswert und steht in vollkommener Dissonanz zur Bildunterschrift »Deutschlands brutalster Mörder«. Auch die Bebilderung der Geschichte im Heft erregt erheblich weniger Aufmerksamkeit als z. B. der höchst spektakuläre »Scheusal«-Artikel über Jürgen Bartsch von 1966. Wesentlich eindrucksvoller in Bild- und Sprachgestaltung sind die »Stern«-Reportagen über »Das unfassbare Verbrechen. Sex-Opfer Kind« vom 2. März oder über »Vergewaltigt in der Ehe« vom 23. März 1995. Der »Stern« schien in den 1990er Jahren nicht mehr dazu in der Lage zu sein, aus einer Serienmörder-Story »Funken zu schlagen«; folgerichtig beließ er es auch bei diesem einen Artikel.

Auch dass es nicht gelang, dem Täter einen Spitznamen zu verpassen, ist ein Indiz für die vergleichsweise geringfügige und unaufgeregte Berichterstattung im Fall Rung. Die von Rung selbst gewählte Bezeichnung »Untier« war viel zu unspezifisch, als dass sie einen eindeutigen Wiedererkennungswert hätte haben können. Die »Bild« versuchte es zaghaft mit »Berliner Mord-Riese«, womit sie auf Körpergröße (1,93 m) und Gewicht (100 kg) Rungs anspielte; aber auch das war fantasielos und fand folglich keine Nachahmer. Ohnehin fiel der »Bild-Zeitung« zu Rung nichts ein: Sie breitete nur geflissentlich ihr angesammeltes Repertoire der Serienmörder-Beschreibung aus (»ungerührter« Täter, »riesige Hände«, »Akte des Grauens«), das schon so häufig verwendet worden war – und daher abgedroschen wirkte: »Er schlich auf Turnschuhen durch die Straßen. Und tötete, einfach so. Malergehilfe Thomas Rung (35), ein Riese (1,93 m) mit klobigen Händen. Seine Opfer hat er vergewaltigt, erwürgt, ertränkt, bei lebendigem Leib begraben.« (31. Januar 1996). Die Redaktion der Hamburg-Ausgabe fand den Fall so wenig interessant, dass sie nicht einmal eine Notiz über das Urteil brachte; das wöchentlich erscheinende Schwesterblatt »Bild am Sonntag« berichtete überhaupt nicht.

Die Unentschiedenheit der Presseleute fasste die »Welt« in folgende Worte: Ein psychiatrischer Gutachter hatte vom »Teddybär-Charme« Rungs gesprochen. »Statt eines ›hochabnormen Täters‹ habe er bei Gesprächen einen ›erstaunlich normalen‹, ja manchmal sogar ›liebenswürdigen‹ Mann angetroffen.« Die Staatsanwältin (laut »Bild« »blond und hübsch«) hingegen warf ihm »Menschenverachtung und Gefühlskälte« vor; er habe seine Opfer besonders grausam misshandelt. »Wer den Prozess gegen den Massenmörder vor dem Berliner Landgericht verfolgte, seine schonungslose Lebensbeichte hörte und beobachten konnte, wie er in den Pausen mit seinen

Verteidigerinnen sprach, wird sich beiden Beurteilungen nicht verschließen können. Der 1,93 Meter große, gut 100 Kilogramm schwere Rung [...] hat das von vielen erwartete Klischee eines Monsters nicht bieten können.« Zudem bleibe das Rätsel um die Motive für die Morde ungelöst (»Welt«, 6. März 1996).

Es gab im Fall Thomas Rung noch einen Nebenschauplatz: Der Serienmörder hatte in den Plan, aus seinen Taten Gewinn zu schlagen, neben dem Printorgan »Stern« auch das Fernsehen einbezogen. Allerdings erhob die Staatsanwaltschaft Einspruch gegen das beabsichtigte Interview von »RTL plus« mit dem Mörder in Untersuchungshaft. Erst im Februar 1996 gestattete ein Gericht die Aufnahmen.

Wenn alte Menschen Opfer werden: Olaf Däter

Olaf Däter wurde im Juni 2001 in Bremerhaven verhaftet. Der Krankenpfleger hatte innerhalb von nur neun Tagen, vom 5. bis 14. Juni, fünf pflegebedürftige Seniorinnen ermordet, indem er sie mit einem Kissen erstickte. Es handelte sich dabei nicht um Patientinnen Däters, der Täter war vielmehr in die Wohnungen der ihm fremden Opfer eingedrungen, um die alten Frauen zu berauben. Däter hatte angeblich ca. DM 70 000 Schulden. Er behauptete, er habe das Geld benötigt, um seine Freundin aus dem Rotlichtmilieu freizukaufen. Das Gericht stellte dem scheinbar ritterlichen Motiv indessen entgegen, Däter habe bloß einen aufwändigen Lebensstil gepflegt, um seiner Lebensgefährtin zu imponieren. Die Angaben über Däters Beute variieren in der Presse zwischen DM 1 500 und 4 900; der Ertrag seiner Raubzüge war damit so gering, dass die Frage aufkam, wie jemand für eine so geringe Summe so viele Menschen habe töten können. Gefasst wurde der Mörder nur deshalb, weil sein sechstes Opfer die Attacke überlebte, da Däter sich von einem klingelnden Telefon gestört fühlte. Übrigens waren nur zwei seiner Taten als Morde erkannt worden, in drei Fällen hatten die Ärzte einen natürlichen Tod bescheinigt, obwohl die Leichen Knochenbrüche und andere Anzeichen gewaltsamer Tötungen aufwiesen. Das führte zu einer Diskussion um die Qualität der Leichenschau in Deutschland, die jedoch nicht in der Massenpresse, sondern nur im Fachblatt »Ärzte-Zeitung« ausgetragen wurde, außer Reichweite der öffentlichen Wahrnehmung.

Dies ist bezeichnend für den Fall Däter. Seine Verhaftung löste nur ein sehr verhaltenes Presseecho aus. Der dickliche Pfleger, der tötete, um Geld aufzutreiben, damit seine Geliebte, eine Ex-Prostituierte, bei ihm blieb, erschien als tragisch-lächerliche Figur. Zudem waren seine Opfer Frauen zwischen 83 und 89 Jahren, weshalb Sex bei diesen Morden nicht im Spiel gewesen sei, auch wenn das Motiv Habgier bei der geringen Beute niemanden so recht überzeugen konnte. Die Opfer gehörten einer gesellschaftlich marginalisierten Gruppe an, es handelte sich eben nicht um schöne blonde Mädchen, die – wie z. B. im Fall Holst – noch ihr ganzes Leben vor sich hatten. Für die Presse bot der Fall Däter daher wenig Ansatzpunkte, die altbekannten Klischees abzuspulen. Dazu bestand aber auch keine Notwendigkeit, denn unter kommerziellen Gesichtspunkten war der Fall aufgrund der Täter-Opfer-Konstellation nicht verwertbar, auch wenn Gisela Friedrichsen am 26. November im »Spiegel« forderte: »Verbrechen an Kindern und die Prozesse gegen die Täter erregen zu Recht großes Aufsehen. Aber alten Menschen gebührt nicht weniger Aufmerksamkeit, sie sind ebenso hilf- und wehrlos.«

Auch der Prozess wurde in den Medien nicht ausführlich behandelt. Es wurde lediglich kurz das Urteil vermeldet. Die »Hamburger Morgenpost« versuchte am 23. November 2001 halbherzig, einen Spitznamen für Däter zu prägen, als sie titelte: »Todespfleger: Jetzt kommt er lebenslang hinter Gitter«. Aber diese Bezeichnung konnte sich nicht durchsetzen. Interessanterweise wertete das Bremer Landgericht die Tötung wehrloser Opfer durch Däter, der dabei bewusst rohe Gewalt angewendet habe, als strafverschärfend und erkannte auf besondere Schwere der Schuld. Fast alle berichtenden Zeitungen beeilten sich, in diesem Zusammenhang zu erwähnen: »Das bedeutet, dass der 32-Jährige nicht nach 15 Jahren Haft entlassen werden kann.

Das ist sonst für ›Lebenslängliche‹ üblich. Die Bedingung: Ein Gutachter bescheinigt dem Häftling, dass er keine Gefahr mehr für die Allgemeinheit ist. Bei besonders schwerer Schuld bekommt der Verurteilte diese Chance wenn überhaupt, dann erst später.« (»taz« Bremen, 23. November 2001). Dies wirkt wie eine Entschuldigung dafür, dass die Morde an den alten Menschen bis dahin von der Presse so vernachlässigt worden waren. Die Betonung der langen Haftzeit sollte verdeutlichen, dass Däters Taten grausam und brutal gewesen waren, auch wenn sich seine Opfer nicht zur sensationalisierenden Darstellung in den Medien eigneten.

Doch nicht nur den Opfern, auch dem Täter konnte die Presse in diesem Fall nichts abgewinnen. Wie wir bisher gezeigt haben, sind Serienmörder zwar selten bemerkenswerte Persönlichkeiten, werden aber im Sinne der Verkaufsförderung gerne von den Medien zu solchen gemacht. Zumindest betont man ihre Gefährlichkeit, z. B. durch tierhafte Attribute, Verunglimpfung ihres Erscheinungsbildes oder detailliert dargestellte Grausamkeiten. Doch nichts davon bei Däter. Als Beschreibung wurde nur die Charakterisierung des Richters Harald Schmacke zitiert, wonach es sich beim Täter um einen »banalen, einfachen Mann, dem niemand so etwas zugetraut hat«, gehandelt habe. Däter wurde nicht einmal als

Serienmörder bezeichnet. Die Tötung von Senioren reichte offenbar nicht aus, ihn in den Augen der Öffentlichkeit zu dieser beunruhigenden und in der Presseberichterstattung privilegierten Tätergruppe zu zählen.

Alle Nachrichten über Däters Verurteilung sind zudem fast wortgleich; wahrscheinlich basieren sie alle auf Meldungen der Deutschen Presse-Agentur (dpa), die in vielen Artikeln vom 22. und 23. November als Quelle angegeben werden (so in der »Welt« und der »Hamburger Morgenpost«). Das bedeutet, dass diese Zeitungen keine eigenen Korrespondenten zum Däter-Prozess entsandt hatten. Auch darin spiegelt sich die geringe Bedeutung wider, die die Tagespresse dem Fall beimaß.

Neben dem Gericht betonte nur eine weitere Institution die Verwerflichkeit von Däters Taten. Dies war die Deutsche Hospiz-Stiftung, die es aufgrund ihres Stiftungszweckes, das Sterben Todkranker würdevoll zu begleiten, wohl ähnlich schwer hat, in der Presse wahrgenommen zu werden, wie der Fall Däter. Die Stiftung begrüßte in einer Presseerklärung – die jedoch bezeichnenderweise in keinen der gesichteten Artikel Eingang fand – die lebenslange Haftstrafe für Däter. Der Vorsitzende wurde mit folgenden Worten zitiert: »Dieses Urteil hat Signalwirkung. Wer meint, mancher hätte kein Recht auf Leben, wird eines Besseren belehrt. [...] Das Gericht hat deutlich gemacht, dass es kein minderwertiges Leben gibt, weder von kranken noch von alten Menschen.« Die Justiz hatte dies tatsächlich in ihrem Urteil klargestellt; allerdings hatte die Presse vermieden, es der Öffentlichkeit auch mitzuteilen. Hier wäre endlich einmal eine gute Gelegenheit gewesen, den doch so oft im Zusammenhang mit der Berichterstattung über Serienmörder betonten Aufklärungswillen der Presse einzusetzen. Die Chance wurde jedoch nicht genutzt, denn der Fall Däter bot einfach zu wenige als spektakulär empfundene Ansatzpunkte. Die Zeitungen hatten darüber hinaus kein Interesse daran, den Fall mit bekannten Problemfeldern wie Patiententötungen, hohen Dunkelziffern bei Morden oder der Marginalisierung älterer Menschen zu verknüpfen und dem Thema so Raum und Bedeutung zu geben. Dies verwundert bei der so oft beschworenen vergreisenden Gesellschaft, hängt aber wahrscheinlich mit der Abneigung der Leserschaft zusammen, sich mit der Vorstellung des Alterns zu beschäftigen. Nur der »Spiegel« thematisierte dieses Problem, wenn er konstatierte: »Trotz der hohen Opferzahl fand der Prozess ..., verglichen etwa mit dem Prozess gegen den Mörder der kleinen Ulrike, weitaus weniger Beachtung. [...] Warum erschüttern Verbrechen an alten Menschen nicht so? Weil Alte nicht so lebensfroh sind wie Kinder? Weil ihr Leben nicht mehr viel wert zu sein scheint? Weil sich eine Spaßgesellschaft für Greise nicht interessiert? Weil wir uns alle in der Schuld alter Menschen fühlen in unserer Lieblosigkeit? Weil wir das, was auf uns zukommt, die Gebrechlichkeit, die Abhängigkeit, verdrängen?« (26. November 2001).

Die Welle der »Super-Serienkiller« aus Hollywood und ihre Wahrnehmung in Deutschland

Wir haben in diesem Kapitel die Charakteristika der Berichterstattung einiger Mordserien aus den letzten beiden Jahrzehnten des 20. Jahrhunderts behandelt. Es waren vier ganz unterschiedliche Fälle, die gegenüber den zuvor dargestellten jedoch eine entscheidende Gemeinsamkeit aufwiesen: Es wurde deutlich weniger über sie berichtet, und sie blieben demzufolge auch weniger im öffentlichen Bewusstsein haften. Gleichzeitig und im vollständigen Gegensatz dazu wäre es aber nicht falsch, insbesondere die 1990er Jahre als die Dekade des Serienmörders zu beschreiben. Nie zuvor fand das

»Phänomen Serienmord« eine derartige Aufmerksamkeit in den Medien: Literarische Thriller wurden zu Weltbestsellern, wie »American Psycho« von Bret Easton Ellis (1991), James Ellroys Suche nach dem Mörder seiner Mutter »Die Rothaarige« (Original »My Dark Places«, 1996) oder Joyce Carol Oates' »Zombie« (1995). Vergleichbare Verkaufserfolge erreichten die »True-Crime-Storys« der FBI-Profiler Robert K. Ressler und John Douglas (beispielsweise »Die Seele des Mörders«, im Original »Mindhunter«, von 1995). Aber auch deutsche Titel über echte oder erfundene Mörder konnten auf dem Buchmarkt reüssieren. Serienmord-Forschung wurde zu einem lebendigen Wissenschaftszweig, etwa in der Kriminologie und der Soziologie. Insbesondere aber erreichten die Serienmörder des Hollywood-Films ein Millionenpublikum, allen voran Hannibal »The Cannibal« Lecter mit gleich vier Leinwand-Adaptionen zu Vorlagen des Autors Thomas Harris. Diese Art der Behandlung des Themas Serienmörder fand in Deutschland zahlreiche Nachahmer; Götz George z. B. verkörperte in »Der Totmacher« (1995) und in »Der Sandmann« (1995) sogar zwei Lustmörder, einen historischen (Fritz Haarmann) und einen fiktionalen.

Wie aber lassen sich Glorifizierung auf der einen und nachlassende Beschäftigung auf der anderen Seite miteinander vereinbaren?

Aufregende fiktionale, langweilige echte Mörder

Echte Serienmörder sind – das haben unsere Ausführungen gezeigt – langweilige Menschen. Lediglich zu dem Zeitpunkt, wenn sie schänden und morden, erschrecken sie uns und wecken damit unser morbides Interesse. Nur die Tat lässt sich in diesem Sinne vermarkten, auf der Suche nach einer faszinierenden Persönlichkeit hinter dem diabolischen Treiben aber findet sich – stumpfsinnige Belanglosigkeit. Seit Jack the Ripper sahen sich die Medien mit dieser Trivialität der Täterfigur konfrontiert. Immerzu von neuem malten sie den leeren Fleck in grellen Bildern aus: Sie beschworen mythische Monster, biologische Freaks, reißende Bestien und mussten am Ende doch stets kapitulieren vor der Frage, wie die aufwühlende Mordtat und die Ausstrahlung von banaler Harmlosigkeit des Mörders zusammenzubringen seien.

Die fiktionalen »Superstar-Serienmörder« hingegen sind als gleichermaßen schreckliche und faszinierende Persönlichkeiten konstruiert: Extrem cool etwa Patrick Bateman, der Killer-Yuppie in »American Psycho« (im Film vom Schönling Christian Bale mit eindrucksvollen Bauchmuskeln verkörpert); teuflisch intelligent, gebildet und kultiviert der Psychologe und Menschenfresser Dr. (!) Hannibal Lecter, dem der brillante Anthony Hopkins sein Gesicht leiht; oder fanatisch-bibelkundig John Doe in »Sieben«, wiederum von einem herausragend charismatischen Schauspieler, Kevin Spacey, dargestellt. Selbst diejenigen wirklichen Serienmörder (aus den USA), um die sich auf einschlägigen Internet-Seiten große Fangruppen gesammelt haben, fallen demgegenüber stark ab. Und erst recht die unattraktiven, dicklichen deutschen Täter wie Rung und Däter, für die man noch nicht einmal Spitznamen fand: Würde Special Agent Clarice Starling (Jodie Foster) ihrem Charme verfallen? Es tut sich also ein breiter Spalt auf zwischen dem Bild, das Hollywood uns vermittelt, und dem realen Augenschein; dieser Spalt ist nicht zu überbrücken, erst recht nicht bei Protagonisten spannender und aufwändiger Filme: Deren Macher haben nämlich auch noch den unschlagbaren Vorteil, ihre Darstellung vom Serienmörder dem Publikum in laufenden Bildern, unterlegt mit Ton und Musik, nahezubringen.

Weil sich also der Unterschied zwischen dem fiktionalen und dem realen Täter so groß zu Ungunsten des realen auftat, rückten die Berichterstatter der Presse ihn aus dem Zentrum ihrer Artikel in die Peripherie. Andererseits haben brutale Verbrechen nichts an ihrer Faszination und Vermarktbarkeit auf dem Boulevard verloren. Um ihren Kunden weiterhin zu geben, was sie wollen, konzentrieren sich die Darstellungen daher auf die Opfer, deren Leiden dem Leser sofort einsichtig ist. Jede Mutter fürchtet, ihr Kind könnte in die Fänge eines Sexualverbrechers geraten; jeder Vater kann die Wut nachempfinden, die Angehörige nach der Todesstrafe für den Killer schreien lässt. Und die Unmittelbarkeit der Furcht, die in der Regel unbegründete, aber dennoch als sehr real empfundene Angst, man selbst oder die eigene Familie könnten zum Opfer werden, macht – wir haben es gezeigt – das wesentliche Schreckensmoment von Serienmördern und damit den Grund für ihre unverhältnismäßige Prominenz in den Medien aus.

Darüber hinaus spricht die amerikanische Historikerin Karen Halttunen in diesem Zusammenhang auch von der Entwicklung einer »zuschauenden Anteilnahme«. Sie meint damit, dass Mitgefühl nur durch das Wahrnehmen von Leid und Schmerz hervorgerufen werden könne. Da sich moderne Gesellschaften jedoch durch eine zunehmende Distanz von physischer Qual auszeichneten, benötigten sie zur Vermittlung solcher Erfahrungen Medien wie die Presse, die ihnen erschütternde Taten vorführe. Dabei bestehe jedoch die Gefahr, dass die Leser abstumpften oder Gefallen an brutalen Details fänden. Dies führe zu einer »Kultur des Sensationalismus«, einer populären voyeuristischen Vorliebe für Leid und Schmerz – Halttunen spricht sogar von einer »Pornografie des Schmerzes« –, in der schockierende Ereignisse kommerziell ausgebeutet und öffentliche Erregung geschürt werden könnten. Dazu eignen sich besonders gut drastische Beschreibungen der gepeinigten Opfer spektakulärer und erbarmungsloser Mordserien, da Serienmorde mehr als andere Gewalttaten im öffentlichen Bewusstsein mit erschreckender Grausamkeit gleichgesetzt werden. Unmittelbaren Schrecken der geschilderten Art lösen allerdings nicht alle Arten von Opfern aus.

Vom unterschiedlichen Marktwert der Opfer

Boulevardzeitungen müssen ihre Nachrichten gewissermaßen mit großer Lautstärke vortragen, um im täglichen Kampf um die Leser ihre Mitbewerber zu übertönen. Deshalb tendieren sie zu einer Berichterstattung, die das besonders Eindrucksvolle in den Vordergrund stellt und dieses durch die Art der Aufmachung zu einer Sensation aufbauscht. Das führt unter anderem zu einer übermäßigen Gewichtung von Mordfällen in der Kriminalberichterstattung.[30] In einer Zeit, in der die Zahl der Getöteten nicht mehr als wichtigstes Kriterium dafür gesehen wird, ob ein Verbrechen umfangreiche Berichterstattung lohnt, sucht die Boulevardpresse ihre Sensation nun in erster Linie in der einzelnen Tat, d. h. konkret in der Qual der Opfer. Nicht jedes Mordopfer aber erregt die Öffentlichkeit; nicht jedes Leiden eignet sich zur verkaufsträchtigen Schlagzeile.

Folglich entstand eine Opfer-Rangliste, die über den Grad der Berichterstattung entscheidet: Ganz oben stehen Kinder. Ebenfalls einen hohen Wert schreiben die Journalisten weiblichen Opfern (mörderischer) sexueller Gewalt zu; die Synthese von Sex und Tod bleibt eine gut verkäufliche Ware auf dem Nachrichtenmarkt. Außerdem gilt: Je blutiger die Tat, je brutaler der Gewalteinsatz, desto mehr Aufhebens in den

Massenmedien. Sämtliche genannten Kriterien treffen auf alte Menschen als Mordopfer in der Regel nicht zu. Folglich ist die Berichtintensität bei Serienmorden an Senioren auch in jeder Hinsicht viel geringer. Der oben geschilderte Fall Olaf Däter macht dies deutlich. Vergleicht man den Umfang der Berichte über zwei englische Mordserien, ergibt sich ein weiterer eindrucksvoller Beweis für die Richtigkeit der These von der unterschiedlichen Wertigkeit von Mordopfern je nach ihrer Vermarktbarkeit im Sinne der genannten Kriterien: Von Jack the Rippers Taten, der 1888 fünf Frauen aufschlitzte, künden seit damals unzählige Medien, Zeitungen, Bücher, Filme, Internet-Seiten.[31] Noch 2002 wurde ein Buch zum Weltbestseller, dessen Autorin für sich reklamierte, den Fall endlich gelöst zu haben. Demgegenüber ist der Name Harold Shipman nur selten zu hören gewesen. Dieser von allen als liebenswert geschilderte Arzt jedoch ist möglicherweise der tödlichste Serienkiller aller Zeiten: Im Januar 2000 wurde er wegen Mordes an 15 seiner Patientinnen verurteilt; wahrscheinlich aber ist, dass er zwischen 1985 und 1998 Hunderte von Opfern gefunden hat (bis zu 610 besagt eine Schätzung).[32] Freilich: Die Opfer von »Dr. Death« waren ältere Damen, und ihr Arzt nahm kein scharfes Messer, sondern griff zur Morphiumspritze, um sie zu töten.

Kulturelle Unterschiede in der Deutung von Serienmördern: Deutschland und die USA

Ein Kulturvergleich der Serienmörder-Wahrnehmungen in Deutschland und den USA wäre zweifellos von hohem Reiz; eine solche Untersuchung erforderte freilich eine detaillierte Analyse auch der amerikanischen Fälle, die im Rahmen dieses Buches nicht geleistet werden kann. Zumindest aber sei in wenigen Strichen eine Skizze der amerikanischen Situation gewagt und die kulturelle Tradition in Deutschland dagegengesetzt.

Einen Ansatzpunkt bietet das Nachwort von Oliver Huzly zu James Ellroys »Stiller Schrecken« (1989, Original »Silent Terror«, 1986). In diesem Roman lässt Ellroy unterschiedliche authentische Serienmordfälle in das Porträt des hochintelligenten Killers Martin Plunkett einfließen. Huzly weist darauf hin, dass die Figur des Serienmörders in der US-amerikanischen Kultur tief verwurzelt ist; sehr viel tiefer im Übrigen als in der deutschen. »Sie berühren einen verborgenen Nerv der amerikanischen Seele. Amerika ist besessen von seinen Serienmördern; es erkennt intuitiv, dass der Serienmörder die finale, wenn auch pervertierte Form des klassischen amerikanischen Helden ist.« Der Serienmörder ist in den USA ein Mythos, durchaus vergleichbar mit (und abgeleitet aus) dem des Trappers, jenes Abgesandten der weißen Zivilisation in die Wildnis, der ihre Grenze nach Westen verrückt. Das Töten aber nehme schon beim Trapper einen exponierten Rang ein. »Das Erlegen des Tiers, des Gegners, die mystische Aneignung des Opfers über das Blut, die Übernahme indianischer Mythologie, Religion und rituellen Brauchtums, schließlich der Blutrausch, Zeugnis einer schweren, unauflösbaren Identitätskrise.« Der Serienmörder sei eine folgerichtige Weiterentwicklung dieses klassischen Westerners, der sich ebenfalls in einem eigenen, geschlossenen moralischen Wertesystem bewegt habe. An der Konfrontation mit der Moral der Zivilisation der neuen Zeit sei der amerikanische Held zerbrochen, so Huzly weiter. Und dieser gebrochene Held – in unzähligen Geschichten begegnet er uns als Privatdetektiv, einsamer Polizist oder Outlaw – lebe jetzt in einem unauflöslichen Widerspruch zur Gesellschaft. Seine geistige Welt decke sich nicht mit der der »Anderen«. In logischer Konsequenz stehe der Serienmörder am Ende der Entwicklungsschiene eines solchen Helden.

In Deutschland kennt die Überlieferung nur sehr wenige anarchische Heldenfiguren, obschon die »Barfußhistoriker« der 1980er Jahre sich sehr bemüht haben, sie zu finden: Sie hätten als Ahnherren ihrer links-alternativen Zivilisationskritik herhalten sollen. Andererseits, und wohl eher typisch deutsch: Um das Gesetz schert sich nicht der »Übermensch«, von dem Friedrich Nietzsche schrieb und elitäre Konservative träumten, bevor er für sie in Adolf Hitler zunächst vermeintlich Wirklichkeit wurde – und später je nach Standpunkt zur Enttäuschung oder zum Urvater einer Katastrophe. Dieser überheblichen Traumfigur gleicht aber der Serienmörder beim besten Willen nicht. Im Gegenteil: Serienmörder werden stets als primitiv und verroht dargestellt. Es scheint, als könne ein Zerstörer der Ordnung in Deutschland nicht positiv – und auch nicht faszinierend – besetzt sein. Die einzige Figur, die anarchisch und schillernd das deutsche Mythenuniversum bevölkert, ist wohl Goethes Mephisto, der »Geist, der stets verneint«. Der allerdings will zwar das Böse, schafft aber dann am Ende doch immer das Gute, eignet sich demnach auch nicht als Leitbild einer Stilrichtung, die aus dem Serienmörder in Deutschland einen Helden modellieren könnte.

In deutschen Kriminalgeschichten ist folgerichtig der Kommissar der Protagonist, der Vertreter des Gesetzes, der vielleicht emotional nicht immer gefestigt, niemals jedoch ein gebrochener Held ist. Er überwindet mögliche Zweifel und setzt am Ende stets Recht und Ordnung durch. In dieser kulturellen Tradition kann der Serienmörder kein »Star« werden. Wenn Geschichten rund um den fiktionalen Serienmörder aus den USA trotzdem auch in Deutschland Erfolg haben, liegt es allein daran, dass die Filme und Bücher gut gemacht sind, spannende Thriller mit dem besonderen Kick expliziter Gewaltdarstellung, denen bei uns nichts Gleichwertiges gegenübersteht. Das hat aber nichts mit einer eigenen Faszination des Serienmörders zu tun; es könnte – und tut es auch – in diesen Geschichten genauso um Repräsentanten der Ordnung (etwa Polizisten) wie um deren Zerstörer (Terroristen) gehen.

Wenn über den authentischen Serienmörder in Deutschland viel berichtet wird, dann aufgrund seiner spektakulären Taten. Wie das geschieht und welche Bilder dabei Verwendung fanden – und wie langlebig und unveränderlich die Bilder durch die Jahrzehnte waren, bis sie zu Klischees erstarrten –, haben wir demonstriert. Ein Eigengewicht gewann in dieser Darstellungsweise der Täter aber nicht: Der Serienmörder war und ist eine der populärsten »Bestien des Boulevards«, weil er weiterhin aufsehenerregende Schlagzeilen garantiert. Jedoch wuchs er nicht über den Status eines Medienproduktes hinaus, er blieb nicht mehr als ein gern eingesetztes Stereotyp, vor allem in nachrichtenarmen Sommerzeiten, ohne wirklich Bestandteil der allgemeinen öffentlichen Imagination zu werden, sich zum kulturellen Subjekt sui generis zu entwickeln.

Anhang

Anmerkungen

1 Gabriele Meierding: Psychokiller. Massenmedien, Massenmörder und alltägliche Gewalt, Reinbek bei Hamburg 1993, S. 68.
2 Eberhard Schorsch/Nikolaus Becker: Angst, Lust, Zerstörung. Sadismus als soziales und kriminelles Handeln. Zur Psychodynamik sexueller Tötungen, Reinbek bei Hamburg 1977, S. 15 f.
3 Karen Halttunen: Humanitarianism and the Pornography of Pain in Anglo-American Culture, in: American Historical Review 100 (1995), S. 303–334.
4 Norbert Elias: Über den Prozeß der Zivilisation. Soziogenetische und psychogenetische Untersuchungen, 2 Bände, Frankfurt am Main 1997.
5 Kathrin Kompisch/Frank Otto: Bestien des Boulevards. Die Deutschen und ihre Serienmörder, Militzke Verlag, Leipzig 2003.
6 J. A. Blaauw: Bruno Lüdke: Seriemoordenaar: De werkelijkheid achter de bekentenissen van »de grootste seriemoordenaar« uit de Duitse criminele geschiedenis, Baarn 1994. Auf Deutsch erschien eine Zusammenfassung der Ergebnisse: J. A. Blaauw: Kriminalistische Scharlatanerien: Bruno Lüdke – Deutschlands größter Massenmörder?, in: Kriminalistik 48 (1994), S. 705–712.
7 Susanne Regener: Mediale Transformation eines (vermeintlichen) Serienmörders: Der Fall Bruno Lüdke, in: Kriminologisches Journal 33 (2001), S. 7–27, hier S. 12, widmet sich besonders der von und mit Lüdke inszenierten Bilder.
8 Angelica Schwab: Serienkiller in Wirklichkeit und Film. Störenfried oder Stabilisator? Eine sozioästhetische Untersuchung, Hamburg 2001, S. 154 f., enthält neben einer Interpretation von »Nachts, wenn der Teufel kam« noch andere Untersuchungen zu Serienmördern im Film.
9 Regener: Mediale Transformation, S. 13.
10 Düsseldorfer Schwurgericht, Aktenzeichen: II 189/57 S 2KS 1/59, zit. nach Jürgen Behr: Der Sensationsprozess, Hamburg 1968 (Kriminologische Schriftenreihe, Bd. 36), S. 127.
11 BVerfGE 45, S. 187 ff.

12 Paul Noack/Bernd Naumann: Wer waren sie wirklich? Ein Blick hinter die Kulissen der elf interessantesten Prozesse der Nachkriegszeit, Bad Homburg 1961, S. 125.

13 Rechtsanwalt Peters in seinem Plädoyer am 10. Dezember 1959, hier zit. nach Noack/Naumann, S. 129.

14 So heißt es bei Manfred Görtemaker: Geschichte der Bundesrepublik Deutschland. Von der Gründung bis zur Gegenwart, München 1999, S. 475.

15 Die angeführte Strophe lautet im Original: »Come mothers and fathers/Throughout the land/And don't criticize/What you can't understand/Your sons and your daughters/Are beyond your command/Your old road is/Rapidly agin'./Please get out of the new one/If you can't lend your hand/For the times they are a-changin'.«

16 Thomas Ellwein: Krisen und Reformen. Die Bundesrepublik seit den sechziger Jahren, München 1989, S. 61.

17 Einen guten Überblick über die Diskussionen um »1968« bietet Bernd Stöver: Die Bundesrepublik Deutschland, Darmstadt 2002, S. 88–102.

18 Michael Sontheimer: Rebellion ist gerechtfertigt. Bericht eines »Post68ers«, in: Aus Politik und Zeitgeschichte B 20 (1988), S. 36–46, hier S. 45.

19 Diese Vermutung äußert Hans-Wolfgang Sternsdorff: Eine Bestie wird besiegt. Jürgen Bartsch – das Objekt einer Erziehung, in: Uwe Schulz (Hg.): Große Prozesse. Recht und Gerechtigkeit in der Geschichte, München 1996, S. 404–413, hier S. 410.

20 Vgl. Elisabeth Noelle/Erich Peter Neumann. Institut für Demoskopie Allensbach (Hg.): Jahrbuch der öffentlichen Meinung 1965–1967, Allensbach/Bonn, S. 170/1 und 205; Dies. (Hg.): Jahrbuch der öffentlichen Meinung 1968–1973, Allensbach/Bonn 1975, S. 247.

21 Vgl. Alice Miller: Am Anfang war Erziehung, 9. Aufl. Frankfurt am Main 1987, mit einem Kapitel über Bartsch.

22 Paul Moor: Jürgen Bartsch. Opfer und Täter, Reinbek bei Hamburg 1991.

23 Vgl. den Artikel von Mark Bennecke in der Online-Version der »Süddeutschen Zeitung« (»Charmante Bestien«, in: http://www.sueddeutsche.de/wissenschaft/mehrwissen/58354/index.php, 3.12.2002), über die Manipulationskraft Bartschs, dem es sogar gelang, sich zum Patientensprecher der Psychiatrie Eickelborn wählen zu lassen.

24 Vgl. Noelle/Neumann (Hg.): Jahrbuch der öffentlichen Meinung 1968–1973, S. 244.

25 Vgl. Martin Lindner: Der Mythos »Lustmord«, Serienmörder in der deutschen Literatur, dem Film und der bildenden Kunst zwischen 1892 und 1932, in: Joachim Lindner/Claus-Michael Ort (Hg.): Verbrechen – Justiz – Medien. Konstellationen in Deutschland von 1900 bis zur Gegenwart, Tübingen 1999, S. 273–305, hier S. 273.

26 Vgl. Schorsch/Becker: Angst, Lust, Zerstörung, S. 15 f.

27 Harry Pross: Zeitungsreport. Deutsche Presse im 20. Jahrhundert, Weimar 2000, S. 55.

28 Vgl. Danuta Harrich-Zandberg: Der Frauenmörder von St. Pauli: Fritz Honka, in dem Begleitbuch zur Sendung von Helfried Spitra (Hg.): Die großen Kriminalfälle. Deutschland im Spiegel berühmter Verbrechen, Frankfurt am Main 2001, S. 186–210.

29 Minuziös nachgezeichnet sind Rungs Leben und Taten in Peter Niggl: Ich bin ein Untier. Die Geständnisse des Thomas Rung, Berlin 1999.

30 Vgl. Jürgen Delitz: Tagespresse und Justiz. Gerichtsberichterstattung als Vermittlung institutioneller Wirklichkeit, Hamburg 1989, S. 266.

31 Einen guten Überblick über die lebendige Legende Jack the Rippers bietet im Internet www.casebook.org.

32 Dazu: Reiner Luyken: Alle liebten Doktor Tod, in: Die Zeit, Hamburg, Nr. 25, 13.6.2001, S. 55. Zur unterschiedlichen Wertigkeit von Mordopfern in der öffentlichen, aber auch der staatlichen Wahrnehmung vgl. Sabine Rückert: Tote haben keine Lobby. Die Dunkelziffer der vertuschten Morde, München 2002, S. 231.

Ein Wissenschaftsthriller, der unsere Herkunft enthüllt!

Bryan Sykes
DIE SIEBEN TÖCHTER EVAS
Warum wir alle von sieben Frauen abstammen – revolutionäre Erkenntnisse der Gen-Forschung
Aus dem Englischen von Andrea Kamphuis
Sachbuch
336 Seiten
ISBN-10: 3-404-60515-2
ISBN-13: 978-3-404-60515-6

650 Millionen Europäer sollen von nur sieben Urmüttern abstammen? Sie meinen, das kann nicht sein? Bryan Sykes, Professor für Genetik an der Universität Oxford, hat die Mitochondrien-DNA Tausender Europäer analysiert und konnte dabei sieben Bausteine entdecken, die sich auf sieben Töchter der Urmutter Eva zurückführen lassen. Darüber hinaus lässt sich sagen, wann unsere Vorfahren erstmals auftraten, wo und wie sie lebten und wohin sie gingen – somit kann jeder von uns herausfinden, von welchem der sieben Stämme er abstammt: Folgen Sie Bryan Sykes auf seiner sensationellen Reise in unsere Vergangenheit!

Bastei Lübbe Taschenbuch

Die Männer auf der roten Liste der vom Aussterben bedrohten Arten?

Bryan Sykes
KEINE ZUKUNFT FÜR ADAM
Die revolutionären Folgen
der Gen-Forschung
Aus den Englischen von
Wolfdietrich Müller
Sachbuch
384 Seiten mit
6 Grafiken im Text
ISBN-10: 3-404-60559-4
ISBN-13: 978-3-404-60559-0

Haben das weibliche und das männliche Geschlecht in der uns bekannten Form ausgespielt? Zumindest für das bisher dominierende Geschlecht der Männer sieht die Zukunft ziemlich düster aus. Denn mithilfe der modernen Gen-Technik lässt sich der Geschlechterkampf eindeutig zugunsten der Frauen entscheiden. Nur ein Schreckensszenario? Professor Bryan Sykes hat Beweise, die eindeutig sind – und die es in sich haben.

Der neue Wissenschaftsknüller vom Autor des Bestsellers *Die sieben Töchter Evas. Warum wir alle von sieben Frauen abstammen – revolutionäre Erkenntnisse der Gen-Forschung.*

Bastei Lübbe Taschenbuch

»Eine ungewöhnliche und zugleich bestechende Geschichte der Lüge – und des Niedergangs der Wahrheit.«

KIRKUS REVIEW

Jeremy Campbell
DIE LUST AN DER LÜGE
Eine Geschichte der Unwahrheit
Aus dem Englischen von
Andrea Kamphuis
Sachbuch
464 Seiten
ISBN-10: 3-404-60551-9
ISBN-13: 978-3-404-60551-4

Nichts lieben wir so sehr wie die Lüge. Die Wahrheit ist anständig, aber langweilig. Und es kann gefährlich sein, sie auszusprechen. Lüge, Täuschung und Betrug hingegen sind in allen Lebenslagen das Salz in der Suppe. Nirgends ist der Mensch kreativer. Schon Charles Darwin begriff den Betrug als evolutionäre Strategie: Käfer knacken geheime Codes von Ameisen, um in deren bevorzugten Nahrungsrevieren zu wildern.

Jeremy Campbell führt Erkenntnisse und Fakten aus Geschichte, Naturwissenschaften und Kultur brillant zusammen. Seine provozierenden Thesen und überraschenden Schlussfolgerungen stellen einen Teil unseres Weltbildes auf den Kopf.

Bastei Lübbe Taschenbuch

»Nicht die Dinge selbst beunruhigen den Menschen, sondern seine Urteile und Meinungen über sie.«

EPIKTET

Martin Urban
WIE DIE WELT
IM KOPF ENTSTEHT
Von der Kunst, sich
eine Illusion zu machen
Sachbuch
240 Seiten
ISBN-10: 3-404-60544-6
ISBN-13: 978-3-404-60544-6

Warum können wir uns ohne Karten nicht orientieren? Woher stammt der Ausdruck: »Wenn Blicke töten könnten«? Und warum darf man sich von Gott kein Abbild machen? Auf all diese Fragen gibt es eine ebenso grundlegende wie verblüffende Antwort: Der Mensch nimmt die Welt keineswegs so wahr, wie sie ist. Er riecht, sieht, hört, fühlt und schmeckt. Und das, was er wahrnimmt, setzt er sofort in Bilder um. Er kann gar nicht anders. Ständig entstehen neue Bilder in seinem Kopf. Und motivieren sein Handeln. Mehr als 90 Prozent dessen, was wir zu wissen glauben, vermuten wir nur. Und dennoch: Illusionen haben den Menschen evolutionär so erfolgreich gemacht.

Bastei Lübbe Taschenbuch

»Davis nimmt den Leser mit auf einen humorvollen Trip durch die Geographie.«

USA TODAY

Kenneth C. Davis
WIESO FLIESST DER NIL BERGAUF?
Alles, was Sie über die Welt wissen sollten, aber nie gelernt haben
Aus dem Englischen von Michael Benthack
Sachbuch
400 Seiten
ISBN-10: 3-404-60473-3
ISBN-13: 978-3-404-60473-9

Die Reise beginnt mit Elefanten in den Alpen, geht weiter über die größten Seen der Welt bis zum Sonnensystem. Der amerikanische Bestsellerautor Kenneth C. Davis hat sich all jenen Fragen gewidmet, deren Antworten man eigentlich kennen sollte, aber nie gelernt oder wieder vergessen hat. Gab es Atlantis, und wo findet man das El Dorado? Wie schnell ist das Licht, und wie lang ist ein Lichtjahr? Droht uns die globale Erwärmung oder eine neue Eiszeit?

Meilensteine der Geographie werden mit amüsanten Anekdoten gewürzt – und los geht die ebenso spannende wie informative Reise durch die Welt, in der wir leben.

Bastei Lübbe Taschenbuch

Das Wetter macht Geschichte!

Dirk Durschmied
ALS DIE RÖMER
IM REGEN STANDEN
Der Einfluss des Wetters
auf den Lauf der Geschichte
Aus dem Englischen von
Kirsten Langbein
Sachbuch
352 Seiten
ISBN-10: 3-404-60504-7
ISBN-13: 978-3-404-60504-0

Über das Wetter redet jeder, das Wetter interessiert jeden – und dennoch wird es oft unterschätzt. Oder wussten Sie, dass der Regen eine nicht unwesentliche Rolle für die Niederlage der römischen Legionen gegen Arminius spielte? Und zwar in Form eines tosenden Gewitters? Und dass ein sommerlicher Platzregen die Anhänger Robespierres von einer Kundgebung in Paris verscheuchte – und der Alleingelassene dann von seinen Gegnern verhaftet und am nächsten Tag guillotiniert wurde? Der BBC-Reporter Erik Durschmied hat diese und andere geschichtliche Ereignisse mit den damaligen Wetterbedingungen verglichen und Erstaunliches entdeckt …

Bastei Lübbe Taschenbuch